教你如何读名著

上册

张素凡 主编

中国书籍出版社

图书在版编目（CIP）数据

教你如何读名著：全三册 / 张素凡主编. -- 北京：中国书籍出版社, 2022.6
ISBN 978-7-5068-9026-7

Ⅰ. ①教… Ⅱ. ①张… Ⅲ. ①阅读课-初中-教学参考资料 Ⅳ. ①G634.303

中国版本图书馆 CIP 数据核字(2022)第 085064 号

教你如何读名著（全三册）

张素凡　主编

责任编辑	李　新
装帧设计	书香力扬
责任印制	孙马飞　马　芝
出版发行	中国书籍出版社
地　　址	北京市丰台区三路居路 97 号（邮编：100073）
电　　话	(010)52257143（总编室）　(010)52257140（发行部）
电子邮箱	eo@chinabp.com.cn
经　　销	全国新华书店
印　　刷	成都兴怡包装装潢有限公司
开　　本	710 毫米×1000 毫米　1/16
字　　数	670 千字
印　　张	39.5
版　　次	2022 年 6 月第 1 版
印　　次	2022 年 6 月第 1 次印刷
书　　号	ISBN 978-7-5068-9026-7
定　　价	98.00 元（全三册）

版权所有　翻印必究

善读爱读有道引,"入书出书"自当成!

浙江教学月刊社 陈永华

陈永华　浙江教学月刊社社长、总编辑

知识来得又，体验得很
名著阅读是一次次的生命体验，
在体验中不断丰富人生，增长
智慧。

金戈　2021年11月11日

金戈　浙江省特级教师、浙江省优秀教师、杭州市保俶塔申花实验学校校长这是多年实践的成果，编委们投注了大量的心血。相信对于开展整本书阅读和指导的师生们，总能有所助益！

阙银杏

阙银杏　浙江省特级教师、温州市初中语文教研员读经典名著,到高处呼吸。

陈秋莲

陈秋莲　温州市初中语文师训员

主　编：张素凡

编写人员（按姓氏音序排列）：

　　　　陈慧慧　陈慧敏　陈瑾慧　陈晓玲　褚淑贞　方海平

　　　　高炳洁　管雪琴　纪玉丕　林晓慧　卢　娉　潘素婉

　　　　姚玲玲　郑娟娟　朱静思

序言：第三种阅读

任 峻

一

从 20 世纪末开始，随着应试教育力度的不断加大，中学语文教育就越来越受到社会各界的诟病和关注。尤其是北大著名教授钱理群亲自进入南师大附中讲课的事件，以及十年后，他宣布自己的教学实验失败，并从此退出中学语文教育的事件，都在教育界引起轰动。当然，国内各界认识到中学语文教育中的弊病，并努力进行改进的人，远不止钱理群一个。教育部门，尤其是高校对于中学语文教育的关注和投入反而不断地在加强，从而带动了社会各界对中学教育的整体反思和探索。

中学语文教育中存在的最大问题，是应试教育导致的学生思维方式的僵化，尤其表现在作文方面写作的模式化。而导致这种模式化的重要原因是应试教育的标准化、功利化，很多中学语文教师对学生的阅读，尤其是课外阅读的不重视，进而导致学生知识面的狭窄和眼界的不开阔。这种过于功利的教学方式，实际上未必真正有利于学生学习成绩的提高，同时也不利于他们个人素养的提高和健全人格的形成。

有鉴于此，从前几年开始，在国家统编语文教材中已经加强了阅读课的设计，提倡将阅读往课外拓展，倡导 1+X 的群文阅读模式，增加了课外阅读的比重。曹文轩曾说："对于语文学科来说，课堂学习只不过是其中一部分，甚至不是最重要的一部分；语文学习的完成须有广泛而有深度的课外阅读做保证。"他还指出："阅读经典免去了我们生命的虚耗和损伤。我们可以通过对这些图书的阅读，让我们的生命得以充实和扩张。"

卡尔维诺在《为什么读经典》里说："经典作品是这样一些书，它们对读过并喜爱它们的人构成一种宝贵的经验；但是对那些保留这个机会，等到享受它们的最佳状态来临时才阅读它们的人，它们仍然是一种丰富的经验。"卡尔维诺所说的经典主要是指经典的文学作品，当然经典并不只是文学，但即便只是文学作品，它们所能提供给我们的也不只是文学的内容，其中可以包括历史、地理、人文、哲学等方方面面的内容，除了可以给读者提供丰富的知识，更重要的是，其中经常包含着这些卓越的作家们对于人类的现实世界、精神世界的人文关怀和终极关怀，是人类文化、文明精华的高层次呈现，是前人留给后人的"一种宝贵经验"。

钱理群在《我们需要怎样的中学语文教师》中说："人不仅仅是为了追求眼前的物质利益而活着，还应有一种超越于现象世界的追求。"而经典正是培养人的终极关怀、培养人的信仰和信念所不可或缺的宝贵经验。有了这些经验的滋养，人就会形成一个"精神的底子"，使他在长大后面对社会、人生的不完美时，不会陷入虚无主义，而是会在痛苦的思考和怀疑之后，最终成为一个成熟的人。阅读经典的另一个任务是培养学生对语言的敏感，也就是培养学生欣赏语言的美能力，和对语言的驾驭能力。这也是对人的心灵的一种训练。而在这一过程中语文教师的责任："一是培养学生读书的兴趣；二是教给学生好的读书方法；三是养成读书的习惯。"

二

《教你如何读名著》显然是一本具体落实以上经典阅读理念的书。张素凡老师在前言里是这么说的："本书以初中统编教材推荐的导读与自主阅读作品为主，拓展延伸部分名著，聚焦整本书阅读的方法策略，进行导读设计，目的就是要教会学生阅读，养成阅读习惯，把阅读视为学习生活的一部分，并在阅读中培养思辨能力，激发积极的情感，获得内心成长的能量，从而提高人文素养，树立正确的'三观'，促进终身发展。"

这部书一共选收44部作品，选文广泛而经典，古今中外皆有，各种文体兼具，大多作品兼顾故事性、趣味性、人文性和可读性。如《哈利·波特与死亡圣器》《老人与海》《海底两万里》《昆虫记》等，很能挑起中学生的阅读兴趣；《人类群星闪耀时》《傅雷家书》《给青年的十二封信》《红星照耀中国》等，字里行间闪烁着人文的情怀、人性的光辉和人生的感悟。此外，像《世说新语》《苏菲的世界》《我是猫》等作品，和课内教材相比，阅读难度略有提高，具有一定的挑战性。

在具体的结构安排、导读攻略、课型设计，以及目的、要求的设置等方面，前言里已经说得很详细，总体看来都相当严谨，此不赘述。这里想约略说一下以下几点感受：一是各篇导读对作品的特点抓得比较准确。因为授课的对象是初中生，对于初中生而言，面对一整本的书，尤其是一部长篇巨著，要求他们面面俱到地去掌握，显然不现实，关键是要让他们把握作品的大致脉络和要点。比如《世说新语》，上、下两部共36章，单"赏誉"部分就有156篇，要求教师全部讲解，学生全部掌握不大可能。所以该部分的导读设计是"找出一些需重点掌握的关键信息，比如：魏晋风度、简略的叙事风格、语言、笔记小说，从而在阅读时有目的地做好圈点勾画和笔记、批注等等"。而在具体的范例中，教师抓住了魏晋时期人们对美（男子的美和女性的美）的重视和魏晋风度，并分别以谢道韫、嵇康为例进行分析，我认为是抓住了要点。因为重要的是渔，而不是鱼。二是在每一个篇章里，阅读方法都得到了普遍的重视。速读、跳读、精读、边读边批注，不同文学作品的比较阅读，文学作品与影视作品、漫画等的比较阅读，思想内涵解析，人物形象对比分析，环境描写、场景细节描写赏析，精彩段落、语句赏析，故事复述、自由交流等，不一而足。总体上遵循由浅及深、循序渐进的原则，对提升学生的阅读能力是有好处的。三是除了对对象作品的深入解读之外，老师们也经常会由此及彼地对学生进行阅读面的拓展，比如由《猎人笔记》到格里戈罗维奇的《苦命人》和托尔斯泰的《一个地主的早晨》，由《三国演义》到施耐庵的《水浒传》和易中天的《品三国》，从《镜花缘》到《格列佛游记》《红楼梦》，从《儒林外史》到《围城》等的延伸阅读，有利于拓展学生的阅读面。四是其中不少老师都对阅读难度和标准答案有所警惕。比如："《世说新语》的阅读难度也是很明显的，因为它是一部文言文笔记小说集。这对于文言积累还很薄弱的初中生来说，是相当难啃的。"比如："每个人的心中都有一个属于自己的哈利·波特，哈利是谁？"因为对初中生来说阅读难度和是否能自由发表看法，是影响他们阅读兴趣的两个相当关键的因素。

三

卡尔维诺说："一部经典作品是一本永不会耗尽它要向读者说的一切东西的书。"因为一部优秀文学作品的内涵经常是多层次的、多义的、模糊的，有些甚至是无法言传的，常读常新的。我们不必要求一个初中生一次就将一部经典名著读懂、读透，以他们的学养、经历，这也是很难完成的任务，所以我觉得对于初中生来说，教师需要对他们的阅读进行适当的引导，但不要强求深度和难度。尤其是在课外阅读中，更应该尊重他们的个人爱好、偏好和兴趣，让他们自己去选择阅读什么，适当减少阅读的功利性。正如《为什么读经典》的译者陆元昶说："但我努力节省出尽可能多的时间，用于毫无功利的阅读，用于我喜爱的作家，他们富于诗的本质，这是我所相信的真正食物。"在我看来，本书是课堂阅读与无功利阅读之外的第三种阅读。对于学生来说，它是必要的。

2021 年 11 月　于杭州

（任峻　国家一级作家、浙江省文联传媒中心总编、《品味》杂志社和《浙江诗人》总编）

前 言

立身以立学为先，立学以读书为本。

阅读是人类获取知识的重要途径，是提高人文素养，健全人格的重要渠道，是人们受益一生的学习习惯。在大力倡导全民阅读的今天，激发阅读兴趣，掌握阅读方法显得尤为重要。

就学校而言，让每个学生都爱读书、会读书是基本要求，也是第一要务。《义务教育语文课程标准》明确要求学生要"学会制订自己的阅读计划……每学年阅读两三部名著"，教师"要重视培养学生广泛的阅读兴趣……提倡少做题，多读书，好读书，读好书，读整本的书"，还强调要"加强对课外阅读的指导……创造展示与交流的机会，营造人人爱读书的良好氛围"。现行全国统编语文教材"教读""自读""课外阅读"三位一体，引进许多原典、名篇、时文等，旨在引领学生亲近经典，爱上阅读，促进生命成长。

然而，不少学生缺乏自觉阅读的意识和兴趣，阅读面狭窄，阅读能力不强，经典阅读得不到有力有效的落实，恰恰是目前很多学校面临的一个十分普遍的问题。

那么，如何解决问题、弥补缺陷？我们集教师集体之智慧，汲取在教学研讨和实践中积累的宝贵经验，编写了《教你如何读名著》。

本书以初中统编教材推荐的导读与自主阅读作品为主，拓展延伸部分名著，聚焦整本书阅读的方法策略，进行导读设计，目的就是要教会学生阅读，养成阅读习惯，把阅读视为学习生活的一部分，并在阅读中培养思辨能力，激发积极的情感，获得内心成长的能量，从而提高人文素养，树立正确的"三观"，促进终身发展。

本书突出了以下特色：

1. 全面构建导读体系

（1）结构的编排

本套书共三册，每册包含上、下两卷，采用"课内课外沟通，年段分册合成"的结构方式。每部作品的导读聚焦读书方法，至少呈现作品介绍、实施要求、导读攻略、教学设计等指导内容，其中教学设计又根据温州市初中教学新常规（语文）的要求分成名著导读课、名著研读课、阅读交流课三种课型。

（2）三种课型的设计

温州市初中语文新常规指出，名著导读课的目的在于激发阅读兴趣、感受名著魅力、提示阅读方法，以利于学生更好地进行阅读；名著研读课，是在学生阅读的已有基础之上，教师引导学生对名著做进一步的发现和理解，读到原先未读到之处，解开原先未解开之惑；阅读交流课，则让学生通过阅读心得和成果的分享，深入了解名著，相互丰富阅读体悟。本套书正是践行了新常规的这一理念。

2. 多方位地指导阅读

作为全民阅读的导读参考类书籍，本书尤其适合初中阶段的师生使用。首先，我们按照学生的阅读心理和接受能力进行编写。简要的作品介绍，为要激起学生的阅读期待。导读攻略给学生提供了阅读的脚手架，其中的阅读安排与任务，更是提示阅读路径和序列，让学生在阅读时收获阅读技巧，懂得如何与文本和作者进行对话，对作品中丰满的形象、丰富的情感、深刻的意蕴以及遣词造句等进行欣赏和思考。其次，实施要求和三种课型的设计，是编写者对作品的理解、思考和导读处理，为更多教师提供阅读指导的范例和参考，以期更好地帮助学生灵活运用鉴赏、比较、评价、探究等方法，充分感知文本，获得阅读体验，形成阅读能力，提高文学素养。

3. 导读重过程易操作

如何"导"与怎样"读"，是本书的重点。"导"的过程凸显任务驱动、情境设置和方法引领，其导学单的使用，让学生从"书本世界"回归到"生活世界"，在生活经验或经历中发现问题，把对知识习得的过程与处理各种关系的过程结合起来。"读"的过程侧重策略运用、自主实践和合作探究，其"活动"的实质就是学生学习的基本途径。导读设计基于学生已有知识积累和实际认知水平，"导"的内容基本上可以"现买现卖"，掌握了就可以应用到"读"中去。

本书的出版，得益于温州市洞头区"书香温州 全民阅读"领导小组、中共温州市洞头区委宣传部、洞头区教育局的鼎力支持，在此谨表衷心的感谢！

国家一级作家、浙江省文联传媒中心总编、《品味》杂志社和《浙江诗人》总编任峻为本书写序,浙江省书法家协会副主席、秘书长何涤非为本书封面题字。浙江教学月刊社社长、总编辑陈永华,浙江省特级教师、浙江省优秀教师、杭州市保俶塔申花实验学校校长金戈,浙江省特级教师、温州市初中语文教研员阙银杏,温州市初中语文师训员陈秋莲为本书题词。在此一并表示感谢!

由于是导读书籍,需要研究、实践和探讨的地方有很多,再加上我们水平有限,难免存在欠妥和不足之处,恳请使用者批评指正。

2021年7月

目录

上卷

朝花夕拾	陈瑾慧	002
假如给我三天光明	陈晓玲	013
白洋淀纪事	朱静思	030
湘行散记	褚淑贞	041
西游记	陈慧敏	055
猎人笔记	卢 婷	069
镜花缘	林晓慧	083
小王子	陈慧慧	095

下卷

骆驼祥子	姚玲玲	112
红岩	纪玉丕	126
创业史	管雪琴	139
人类群星闪耀时	高炳洁	151
海底两万里	郑娟娟	160
基地	方海平	171
哈利·波特与死亡圣器	褚淑贞	181
蝇王	潘素婉	198

《朝花夕拾》　　　陈瑾慧

《假如给我三天光明》　陈晓玲

《白洋淀纪事》　　朱静思

《湘行散记》　　　褚淑贞

《西游记》　　　　陈慧敏

《猎人笔记》　　　卢　娉

《镜花缘》　　　　林晓慧

《小王子》　　　　陈慧慧

上卷

教你如何读名著·上册

朝花夕拾

——鲁迅

一、作品介绍

【内容简介】

《朝花夕拾》是鲁迅所写的唯一一部回忆性的散文集,原名《旧事重提》,后由鲁迅改为《朝花夕拾》。"朝"表示早年时候,"夕"表示晚年时期,这个词的意思是早上的花晚上来捡,这里指鲁迅先生在晚年回忆童年时期、少年时期、青年时期的人和事。

全书共十篇,前七篇反映他童年时代在绍兴的家庭和私塾中的生活情景,后三篇叙述他从家乡到南京,又到日本留学,然后回国教书的经历。作品将往事的回忆与现实的生活紧密地结合起来,让更多的青少年能够分享鲁迅的"温馨的回忆和理性的批判"。

【作者简介】

鲁迅(1881—1936),原名周树人,字豫才,浙江绍兴人。20世纪中国无产阶级文学家、思想家和革命家,中国现代文学的奠基人。代表作有:第一次使用"鲁迅"这个笔名的、我国现代文学史上第一篇白话小说《狂人日记》,中篇小说《阿Q正传》,回忆性散文集《朝花夕拾》,小说集《呐喊》《彷徨》,散文诗集《野草》等。

二、实施要求

大家普遍感觉到鲁迅作品比较难懂,但学生已经学过其中的《从百草园到三味书屋》,对写作背景和鲁迅的语言风格有初步认识,教学时要多结合学生已掌握的作品的相关资料,可以助读任务单为抓手,引导学生自学,并通过略读、精读等方法的指导,让学生积累阅读方法,展开问题讨论,总结自己的阅读感受与心得,丰富自身情感,并进行较为深层次的思考,培养写作能力。

三、导读攻略

【阅读策略】

1. 速读,提取主要信息,概括内容要点

快速阅读,抓住几个要点通读全书,了解大概内容。《朝花夕拾》中鲁迅小时经历的事和文中出现的人物是关键所在，要从这两个方面去概括整合。

2. 精读，抓住精彩细节，品评人物情感

《朝花夕拾》中的人物性格鲜明突出，这些鲜明的性格通过很多生动具体的细节描写呈现出来，阅读过程中，可用摘录语段、比较分析等方式，品析细节描写，走进人物内心，感受鲁迅对文中人物的情感。

3. 深读，感受鲁迅的批判精神和爱国精神

《朝花夕拾》的十篇文章，还有它的《小引》和《后记》，无不对中国的传统文化进行了尖锐的、毫不留情的否定和批判。这种批判主要表现在对野蛮的封建伦理，愚弱的国民精神，陈旧的教育模式，荒唐的陋规恶习，骗人的庸医医道等方面。当然，鲁迅在追忆中，不仅有批判，还有对健康清新的民间文化的肯定和赞扬。要学会通过对相关细节的赏析深刻感受鲁迅的批判精神和爱国精神。

【阅读安排】

全书完成阅读建议用时5周，每次阅读都要完成相应的任务。

时间安排	阅读章节	任务要求
第1周次（浏览）	看书前面的作者简介、《一部旧中国的浓缩历史——〈朝花夕拾〉导读》和小引	1. 看《鲁迅传》，了解鲁迅，并搜集鲁迅相关资料。 2. 看导读和小引，圈点勾划和批注重要内容，了解《朝花夕拾》一书
第2周次（略读）	泛读《狗·猫·鼠》《阿长与山海经》《二十四孝图》《五猖会》《无常》	泛读，概括每篇的主要内容，并思考：鲁迅在此分别想表达什么？分别写在笔记本上
第3周次（略读）	泛读《从百草园到三味书屋》《父亲的病》《琐记》《藤野先生》《范爱农》	
第4周次（精读）	任选两篇精读	圈点勾划和批注，结合具体内容和语句写自己的感悟
第5周次（精读）	精读，整理《朝花夕拾》中出现的人物并归纳人物性格特点。 任选两个人物分析	1. 整理人物并归纳人物性格特点。 2. 选择两个给你留下最深印象的人物，并结合要求阐述：称呼、鲁迅的关系、颜值（外貌）、性格特点、精段摘抄、鲁迅的评价

撷取"朝花"细分类

——《朝花夕拾》导读课

【导读目标】

1. 激发阅读兴趣，掌握一定的阅读方法。

2. 能够归纳《朝花夕拾》的内容，初步感受鲁迅的批判精神、爱国精神。

【课前准备】

1. 学生查找鲁迅的相关资料，包括图片或视频。

2. 泛读《朝花夕拾》了解散文集的内容梗概。

【导读过程】

一、作者其人

1. 今天，我们来认识一个人：他时常穿一件朴素的中式长衫，短短的头发刷子似的直竖着，浓密的胡须成一隶体"一"字。（出示画像）他是谁？（学生答：鲁迅）

2. 他就是以笔为武器，战斗了一生，被誉为"民族魂"的鲁迅。谁能为大家介绍一下鲁迅先生。（学生介绍，幻灯片出示，老师补充介绍。）

《朝花夕拾》阅读任务单一

人物简介单	
姓名：_____	笔名：_____
表字：_____	籍贯：_____
职业：_____	头衔：_____
代表作：（1）小说集：_____	（2）散文集：_____
（3）散文诗集：_____	（4）杂文集：_____

3. 在人们的记忆中，鲁迅似乎总是一位"怒目金刚"似的英雄人物，一位总是在向着不公平的社会现实冲锋陷阵的斗士。鲁迅的散文集《朝花夕拾》，有他温暖的回忆和冷静的批判。这节课，就让我们一起走近鲁迅，走进他的《朝花夕拾》。

二、阅读指导

（一）阅读策略

1. 介绍叶圣陶谈读书：靠自己的力量阅读；阅读要讲究方法。

2. 读书要讲究一定方法，老师介绍三种读书方法：浏览—略读—精读。

(二) 初读感知

快速浏览，初读感知。（浏览，就是我们所说的"随便看看，随便翻翻"。即自主的、没有很强目的性的大略阅读。对一本书不是从头到尾读下去，而是对该书的部分内容有选择地阅读。如作者、前言、内容提要、目录和大小标题等。）

1. （学生可浏览小引）"朝花夕拾"是什么意思？

2. 明确：《朝花夕拾》原名《旧事重提》，1926 年发表于《莽原》半月刊。他在《朝花夕拾·小引》中说："带露折花，色香自然要好得多，但是我不能够。"作者所经历过的旧事，像花瓣一样散落在土壤上，现在把这些"花瓣"重拾起来。这不就像早晨的落花，到了傍晚才去把它拾取起来吗？故名为《朝花夕拾》。

小结：浏览之后，要做进一步阅读，接下来我们来看一下第二种读书方法。

(三) 粗读概括

粗读，分享让你印象最深的人和事（结合课前预学单：阅读任务单一的内容梗概）。

《朝花夕拾》阅读任务单二

标题	内容梗概
《小引》	
《狗·猫·鼠》	作者追忆了童年时救养的一只可爱的隐鼠遭到摧残的经历和感受。表现了对弱小者的同情和对暴虐者的憎恨
《阿长与山海经》	记述儿时与长妈妈相处的情景，描写了长妈妈善良、朴实而又迷信、唠叨、"满肚子是麻烦的礼节"的性格；对她寻购赠送自己渴求已久的绘图《山海经》，充满了尊敬和感激之情
《二十四孝图》	重点描写了作者在阅读"老莱娱亲"和"郭巨埋儿"两个故事时所引起的强烈反感，形象地揭露了封建孝道的虚伪和残酷
《五猖会》	记述儿时盼望观看迎神赛会的急切、兴奋的心情，和被父亲强迫背诵《鉴略》的扫兴而痛苦的感受。揭露了封建教育扼杀儿童天性的本质
《无常》	记述了儿时在乡间迎神会和戏台上所见的"无常"形象，并借此对"正人君子"予以辛辣的嘲讽。揭露了"鬼有情，而人无情"的社会现实
《从百草园到三味书屋》	描述了儿时在家中百草园玩耍的无限乐趣以及在三味书屋读书的乏味生活，抒发了作者对儿时美好生活的无限向往以及对封建私塾教育的批判
《父亲的病》	文章重点回忆儿时为父亲延医治病的情景，描述了几位"名医"的行医态度、作风、开方等种种表现，揭示了这些人巫医不分、故弄玄虚、勒索钱财、草菅人命的实质
《琐记》	主要回忆了自己离开绍兴去南京求学的过程。作者记述了最初接触进化论的兴奋心情和如饥似渴地阅读《天演论》的情景，表现出探求真理的强烈欲望

续表

标题	内容梗概
《藤野先生》	记录作者在日本留学时期的学习生活，作者突出地记述了日本老师藤野先生的严谨、正直、热诚、没有民族偏见的高尚品格，表达了对藤野先生深情的怀念。（修改讲义、纠正解剖图、关心解剖实习、了解中国女人裹脚）
《范爱农》	回忆了作者在日留学时和回国后与好友范爱农接触的几个生活片段，描述了范爱农在革命前不满黑暗社会、追求革命，辛亥革命后又备受打击迫害的遭遇，表现了对旧民主革命的失望和对这位正直倔强的爱国者的同情和悼念
《后记》	

教师总结：通过刚才的略读，我们对《朝花夕拾》有了一个初步的了解。当然，要挖掘作品的内涵，领略作品的艺术魅力，还需精读。

（四）归类精读

1. 这些人和事唤醒了作者的情感和思考，请以作者的情感态度为依据，对这些事件进行分类，以思维导图、立体卡片等方式呈现你的研究成果。

2. 刚才我们对《朝花夕拾》的内容和主题进行了归类，我们确实可以从《朝花夕拾》中读到很多东西，这便是《朝花夕拾》的魅力。但我们今天所做的只是有限的小片段，《朝花夕拾》更大的魅力还有待我们去挖掘。

三、小结

1. 名家点评：《朝花夕拾》的文化内涵是极其丰富的，它几乎包括了文化的方方面面。且不说它在思想、教育、文学、艺术、民风民俗、礼仪制度、伦理道德、宗教信仰等方面的明显反映和折射，就是政治、军事、技术，也程度不同地有所涉及。在一定程度上说，《朝花夕拾》具有中国近代文化百科全书的风格。

——李振坤《文化·文献·审美——〈朝花夕拾〉价值论》

2. 教师小结：《朝花夕拾》中的散文则是鲁迅温馨的回忆，是对滋养过他的生命的人和物的深情怀念。幼时的保姆长妈妈，在备受歧视的环境中给予过他真诚关心的藤野先生，一生坎坷、孤傲不羁的老友范爱农，给过他无限乐趣的"百草园"，吸引着他的好奇心的民间戏剧和民间娱乐活动……这一切，都是在这个险恶世界的背景上透露出亮色和暖意的事物，是他们，滋养了鲁迅的生命。

我记得一位日本学者说过这样一句话："纵使日本有一千个川端康成，也比不上中国，因为中国有位鲁迅。"

"没有伟大的人物出现的民族，是世界上最可怜的生物之群；有了伟大的人物，而不知拥护、爱戴、崇仰的国家，是没有希望的奴隶之邦。"

一粒沙里见世界，一瓣花上说人情。

经验丰富的人读书用两只眼睛，一只眼睛看到纸面上的话，另一眼睛看到纸的背面。

——歌德

四、布置作业：完成阅读任务单三读书卡片。要求：书写清楚，内容准确。

《朝花夕拾》阅读任务单三

篇目名称	人物	相关情节	性格特征	描写方法	精彩句段
《阿长与山海经》	长妈妈	在床上摆"大"字、除夕吃福橘、人死了要说"老掉了"、给"我"买《山海经》	豪放、不拘小节、迷信、唠叨，"满肚子是麻烦的礼节"、善良朴实		
《藤野先生》	藤野先生	忘带领结、修改、补全"我"的讲义、订正"我"的解剖图、问中国女人裹脚的事	不拘小节、待人平等、和蔼可亲、没有民族偏见		
《范爱农》	范爱农	拍发电报、看光复的绍兴	有着倔强耿直的性格，愤世嫉俗、负责任		
《琐记》	衍太太	鼓励孩子吃冰、挑唆作者偷母亲的珠子卖钱并散布流言	喜欢使坏、自私自利、多嘴多舌		
《父亲的病》	陈莲河	出诊费100元、开滑稽的药方、四处招摇撞骗	狡猾、道貌岸然、贪婪、谨小慎微		

与你共访人物

——《朝花夕拾》研读课

【研读目标】

1. 引导学生学习分析人物的方法，分析人物特点及鲁迅对他们的感情。

2. 知人论世，学会通过文字和写作背景探究作者背后的情感。

【课前准备】精读《朝花夕拾》，圈点勾划批注

【研读过程】

一、歌曲导入

导语：罗大佑的《童年》是一首老歌，却经久不衰，我们津津乐道的不仅是歌曲轻快的节奏，更是贴近我们童年生活的歌词，使我们仿佛又回到了难忘的学生时代。

播放歌曲《童年》，并出示歌词，学生谈从歌词中联想到的自己的经历。

一首歌之所以受到听众的喜爱，在于我们能够在歌中发现自己的生活；一部文学名著能够激发我们的阅读兴趣，往往也是因为书中有我们曾经或现在、拥有或渴望的生活。今天就让我们一起走进鲁迅的《朝花夕拾》，去书中寻找我们的童年。

二、了解内容，寻找共鸣

1. 你从中读出了鲁迅怎样的童年？

（教师引导学生回顾阅读的内容，充分尊重学生的阅读体验，并适时引导学生在阅读中形成自己独特的阅读体验。）

2. 你有没有和作者相似的经历或故事？讲出来和大家分享一下。

（教师引导学生：阅读文学作品，我们可以在阅读中去寻找自己与作品的相同或相似点，采用换位思考的方式，可以帮助我们理解作品。）

三、分析人物，深入理解

1. 精读有关长妈妈、寿镜吾、父亲、藤野先生、衍太太、范爱农的篇章，通过填写表格，概括相关事件，分析人物形象，提炼作者对他们的情感反应。

《朝花夕拾》阅读任务单四

怀念值：★★★★★	怀念值：☆☆☆☆☆
称呼：	称呼：
和鲁迅的关系：	和鲁迅的关系：
外貌：	外貌：
性格特点：	性格特点：
精段摘抄：	精段摘抄：
鲁迅的评价：	鲁迅的评价：

2. 请以"你是我的……"为题，用直白的语言或比喻的手法，分别表述这六个人物给鲁迅留下的印象，并结合文章内容说明理由。每个人物 150 字左右。

3. 教师总结：《朝花夕拾》承载的是鲁迅温馨的回忆与理性的批判，在人物身上，我们真切地感受到鲁迅对他们或褒或贬的情感态度，而这看似寻常的情感态度实则体现了作者对人生、社会的深入思考，这正是名著的魅力所在。

四、知人论世，探究疑问

1. 教师引导：《朝花夕拾》原名《旧事重提》，出版于1928年，当时鲁迅先生已经47岁，创作这部作品的目的不仅仅是怀念自己的过去，因此，很多同学在阅读作品时，有很多疑问，请同学们以小组为单位进行交流，尝试着解决疑问。

2. 教师引导学生介绍鲁迅生平和作品写作背景（学生介绍，老师补充）。

1926年是鲁迅生命中的"黑暗年"，新文化运动陷于低潮时期，而厦门大学的生活寂寥沉闷，他体会到现实中的各种不如意之事，尤其是他经历了北洋军阀政府最残酷的暴行——"三一八"惨案，他心爱的学生被杀害。他愤怒地写下《纪念刘和珍君》而遭到追杀，被迫过起了逃亡的生活。而《朝花夕拾》就是在他逃亡的生活中写下的，也许，越是在绝望的时候，人对往事的回忆越会显得深情绵长。鲁迅搜寻着自己成长史中细微而温暖的记忆。在《朝花夕拾》的"小引"中，我们隐约可以感到，鲁迅当时的心境并不好：（幻灯出示句子）

我常想在纷扰中寻出一点闲静来，然而委实不容易。目前是这么离奇，心里是这么芜杂。……前天，已将《野草》编定了；这回便轮到陆续载在《莽原》上的《旧事重提》，我还替他改了一个名称：《朝花夕拾》。带露折花，色香自然要好得多，但是我不能够。便是现在心目中的离奇和芜杂，我也还不能使他即刻幻化，转成离奇和芜杂的文章。或者，他日仰看流云时，会在我的眼前一闪烁罢了。

从中我们读到了鲁迅虚无悲观却深情绵长的心情。

如果说，《野草》是鲁迅在"绝望中抗争"的心灵纪录，是鲁迅生命哲学的表现，《朝花夕拾》则是一种"在绝望中寻求"的心灵追忆，是对生于斯长于斯的老中国生活的隽永的回忆。恰如鲁迅自己所说的，正是"不愿意想到目前，于是回忆在心头出土了，写下了十篇《朝花夕拾》"。（幻灯到目录）

五、布置作业

学生课后研读，完成任务单五。

《朝花夕拾》阅读任务单五

篇目	精彩语句	批判对象
《二十四孝图》		

续表

篇目	精彩语句	批判对象
《狗·猫·鼠》		
《藤野先生》		
《父亲的病》		
《无常》		
《五猖会》		

共探"儿童教育观"

——《朝花夕拾》阅读交流课

【交流目标】

1. 学会通过文本内容来分析《朝花夕拾》中的批判对象。

2. 理解作者在《朝花夕拾》中的儿童教育观,并分析这种教育观在今天的现实意义。

【交流过程】

一、作业反馈交流

无可否认,鲁迅的骂功是中国一绝,以至于骂狗、骂猫、写鼠也有人惶惶不安,那顶带刺的高帽戴上了,也就取不下来了。难怪鲁先生爱骂"狗",这"骂畜生"不"犯法"的好事,也只有他老人家占尽光,好歹比那杀猪的白刀子进红刀子出快活自在。

从文章表面看,鲁迅似乎都是用了些温情的文字,其实,他把愤怒藏得更深。柔软的舌头是最伤人的武器。

《朝花夕拾》虽是作者把自己放回到童年来讲述故事,但却是以成人的思考来审视童年的生活,既有对往事的温馨回忆,又有对一些问题的理性批判。那么你从文中哪些地方看出了作者的批判精神,他是在批判什么。

学生交流阅读任务单四。

篇目	精彩语句	批判对象
《二十四孝图》		批评封建孝道的虚伪和残酷
《狗·猫·鼠》		通过对猫和鼠的一些秉性、行为的描写来批判某些人。阐述作者仇猫的原因
《藤野先生》		写让鲁迅感激的日本仙台医专解剖学老师藤野先生（主要）和弃医从文思想转变的重要原因。对国人在日本吃喝玩乐不思富强的批判
《父亲的病》		揭露庸医害人和对封建孝道的不认同
《无常》		描绘迷信传说的勾魂使者，讽刺了当时自称"正人君子"的军阀统治文人
《五猖会》		对旧教育制度、教育方法的抨击

二、分析交流鲁迅的儿童教育观

1. 《朝花夕拾》中有很多鲁迅关于儿童教育的观点，请结合原文总结这些观点，完成下列表格的填写。

涉及儿童教育观点的文章	结合原文总结鲁迅对儿童教育的观点

2. 这些儿童教育观点是否在今天还有现实意义。假如今天你有一个机会能与鲁迅交流，你会跟他说些什么，试着给鲁迅先生写一封信，交流先生的观点在今天是否还有时代价值。

三、结束语

齐读鲁迅的颁奖词：把生命献给中国，让世界为之景仰。矮矮的身躯，创造出崇高的事业，瘦削的肩膀，承载着千年的使命！从狂人的眼睛里，我们读出了历史的沉重；从阿Q的身影中，我们体会到变革的艰难；从坟头的花环上，我们看到了未来的希望；从铁屋的呐喊中，我们听清了奋进的声音！你在孤独中呐喊，你在市声里彷徨，采一片朝花为自己送行，荷一杆长戟向黑暗进攻！大星陨落，天地同悲；巨著行世，千秋共仰——我们知道任何奖项也不足以涵盖你的贡献，但谨以此菲薄的礼品献给你——世纪伟人鲁迅。

四、布置作业

1. 写一篇《朝花夕拾》的读后感。

2. 以个人或小组为单位，搜集相关文本、图片、音像资料，制作自己的读书笔记、手抄报、美术绘画等；从中展现、表达自己的收获、情感及成长历程等。

假如给我三天光明

——【美】海伦·凯勒

一、作品介绍

《假如给我三天光明》是美国著名作家海伦·凯勒的散文代表作。本书的前半部分主要写了海伦变成盲聋人后苦闷的生活，直到沙莉文老师的出现改变了海伦，让她体会到不同的事物。后半部分介绍了海伦的求学生涯，以及大学毕业后从事的慈善活动等丰富生活。作者海伦·凯勒以一个身残志坚的柔弱女子的视角，告诫身体健全的人们：要珍惜生命，珍惜造物主赐予的一切。作者用第一人称叙写着自己对生活的礼赞，表达自己的生活态度，这种至情至真的流露，使读者感受到更高的真实——情感的真实。

对比是本书一大特点。作者处处用视听健全的人和自己作比，用对比表达她的生活态度，对生活强烈的紧迫感。海伦虽然遭遇到严重的生理缺陷，但在她眼里，生活依然是美好的。她用动人的、富于诗意的笔触，表达了她对生活的爱恋，这样积极向上的作品，对正处于人生价值观形成阶段的学生，无疑会产生有益的影响。

二、实施要求

阅读《假如给我三天光明》，要真正走进海伦·凯勒的内心，解读她的形象及作品，可以借助对话理论。对话理论由俄国文艺理论家巴赫金提出，他认为"对话关系几乎是无所不在的现象，浸透整个人类的语言，浸透人类生活的一切关系和一切表现形式，总之是浸透一切蕴涵意义的事物。这是一种主张民主和平等的思想意识，它认为孤立单个的个人和事物是没有任何意义的，只有在对话中，在同异己的人和事物的交往联系中才能证明和完成自身"。一切莫不归结于对话，归结于对话式的对立，这是一切的中心。一切都是手段，对话才是目的，单一的声音，什么也解释不了，什么也解决不了。人类情感的表达、理性的思考乃至任何一种形式的存在都必须以语言或话语的不断沟通为基础。海伦因一场大病，失去了和正常人一样对话的条件，普通人轻而易举得到的东西，对她而言，又是如此艰难。两个声音才是生命的最低条件，生存的最低条件。经过她与莎丽文老师一起努力，她找到了独特的与他人、与自然、与社会的对话方式，也正是因为这些，成就了她的一生。

《课程标准》明确指出，要在语言运用的基础上提升学生的思维发展水平，体现在对阅读者思维发展水平的提升上。读整本的书，需要有思考的读书。教学的目的，就在于消除学生与经典之间的隔阂与障碍，消除学生面对经典的拘谨与无措，让阅读真实地发生，有深度地发生。所谓的"深度"是相对而言的，意在强调阅读中的思考姿态——始终保持着独立的、批判的和创造性的思考，既要走进文本，又要走出文本；既要追求阅读中的移情与共鸣，又要保持理性的质疑与反思；既要与文本对话，还要能借助文本达成与自我的精神沟通。因此阅读《假如给我三天光明》，需要学生始终保持着思考的姿态，此时，教师的教学指导尤为重要。导读课"海伦印象·生命的一个美丽奇迹"重在激发学生兴趣，走近作品；研读课"对话海伦·开启黑白交替的人生"重在带领学生深度思考，走进作品；展示课"海伦之光·点亮我们生命的星空"重在分享成果启示，走出作品。通过三节关键阅读课的点拨引导，其终极目标是读懂、读深、读厚作品，在阅读中发展学生的批判性思维，培养积极向上的人生观和价值观。

（一）形式多种，激起名著的阅读兴趣

刚步入中学门槛的七年级学生，注意力易分散、爱发表见解、渴望得到认同，宜运用直观生动的形象，激发学生的兴趣，如用主要人物海伦、安妮等的图片展示或影片片段，吸引学生的兴趣。导读《假如给我三天光明》时，设计一些形式活泼的活动，如快读赛、微论坛、读书者、酷写作等，让学生在轻松愉悦的活动中进入名著阅读。

（二）共同参与，确定切实的阅读计划

师生共读名著《假如给我三天光明》，教师参与学生的阅读活动，尊重学生的选择，与学生一起制订合理的阅读计划。将课内阅读与课外阅读相结合，每周固定一节课为名著导读课，并利用课余时间自主阅读。长期坚持下去，良好的阅读习惯就能养成，阅读的目标就能达到。另外，阅读是学生个性化的行为，教学要充分考虑学生个体的兴趣爱好，自由选择最感兴趣的主题阅读内容。

（三）深度阅读，鼓励学生探究创造

《假如给我三天光明》所表达的生命伦理是提醒人们要重视当下，重视此生，重视过程。它的主题可浓缩成这样的句式：因为明天将要死去，所以要珍惜今天的一切。但学生的阅读可能更多地停留在作品的故事情节等表层意义上，这样的浅阅读不是真正意义上的阅读，教师要引导学生用研究的眼光，联系实际从名著中发现问题，查找资料进行独立的思考和研究，并得出结论。或者帮助学生选择研究主题，并进行适当的指导、鼓励，激发学生对名著进行续写、改编或重组等创造的热情。

三、导读攻略

《假如给我三天光明》以自传体散文形式，真实记录了这位聋盲女性丰富、生动而伟大的一生。本书情真意切的语言表达很适合学生阅读，阅读起来也比较轻松。同学们可以根据自身情况进行合理的阅读安排，如统筹安排阅读整本书需要的阅读时间、阅读进程和任务等。

【阅读安排】

下面为同学们提供阅读计划表以供参考，也可以在此基础上做出细微调整，使其成为适合你的阅读规划。

《假如给我三天光明》阅读计划表

时间安排	阅读内容	阅读任务
第一周略读	读序言、目录等 《苦难是人生最好的试金石》 《希望就躲藏在绝望的背后》 《鼓满信心风帆驶向成功彼岸》 《知识是人生最大的财富》 《拥抱生活亲近自然》 《用爱及感恩的心态面对生活》	1. 提要钩玄。提炼出篇章的要点，给每一篇写出内容综述。 2. 在通读的过程中，适时记录下自己的疑惑。 3. 按照阅读进度完成书中给出的思考题，测评自己的阅读效果
第二周精读、对比阅读	《创造奇迹的人——海伦笔下影响她一生的老师：安妮·莎丽文》 《假如给我三天光明》 第一章与第三章对比阅读 任选两三篇组合阅读	精读，运用不同批注类型记下自己的阅读体会，分类整理海伦、莎丽文等人物性格、情节及写法
第三周主题阅读	对话理论解读《假如给我三天光明》 海伦成长给予我们的启示 评点莎丽文老师特殊的教育方式	开展专题阅读，并将自己的阅读感悟写成读后感

【阅读策略】

读书的方法因人而异，也因书而异。就《假如给我三天光明》而言，建议同学们尝试用下面的方法完成阅读。

阅读策略一：快速阅读

我们采用快速通读的方法，粗略浏览各篇，在此过程中不细究每个字、词、句的含义，但要注意了解各篇大意。如果有任何感悟，可以先用两三个词简要记录，待到精读再作探究。

阅读策略二：分析阅读

精读各篇文章，边读边体会文章主题，给每篇文章写一个小综述。在阅读过程中，要注意记下自己的疑惑，然后通过精读文章、查阅背景资料、借助注释、文本互读以及与父母、老师、同学讨论等方法，仔细推敲，力求解除疑惑，最后将自己精读探究的成果写成读后感。

阅读策略三：透视阅读

每一本书的封面之下都有一套自己的骨架。作为一个分析阅读的读者，你的责任就是要找出这个骨架。一本书出现在你的面前，肌肉包着骨头，衣服包裹着肌肉，可说是盛装而来。你用不着揭开它的外衣，或者撕去它的肌肉，才能得到在柔软表皮下的那套骨架。但是你一定要用一双 X 光般的透视眼来看这本书，因为那是你了解一本书、掌握其骨架的基础。

阅读策略四：批注阅读

批注式阅读，是一种研究性阅读，是一种以主动探究为核心的阅读实践活动，是一个动态的思维过程，批注式阅读可以使阅读由被动阅读变为主动阅读。根据阅读的主题，结合自身的特点，主动地运用已有的生活经验和知识储备，设身处地与文本进行广泛的、深入的、全方位的直接对话，从各个方面对文本进行理解、感悟、阐释、发现和点评，并直接在文章中圈点勾画，注明自己思维的轨迹，打上自己认识的烙印，表达自己的感情，从而获得自我发展的过程。

海伦印象·生命的一个美丽奇迹

——《假如给我三天光明》导读课

【导读目标】

1. 通读全书，了解本书的大致情节，感受作者与生命作斗争的精神。
2. 借助资料，了解自传散文特点，学习用圈点批注法阅读文章。
3. 展示交流批注，丰富初读感受，激发学生阅读整本书的兴趣。

【导读重点】借助资料,了解自传散文特点,学习用圈点批注法阅读文章。

【导读过程】

任务一:盲人印象·失明活动三分钟

1. 每个学生用手绢蒙上眼睛,由自己的座位走到教室后面,从后门通过走廊来到前门。

2. 用手、耳、鼻等判断站在门口的教师手中拿着的东西为何物。

3. 走到讲台前,在黑板上写下自己的名字,走回座位。

4. 谈感想、谈体会。

任务二:人物印象·制作电子档案表

1. 海伦与安妮是《假如给我三天光明》一书中两个重要人物,请你跳读此书,选择一个人物完成人物档案表填写。

海伦电子档案表

名字	海伦·凯勒
性别	女
籍贯	美国亚拉巴马州塔斯喀姆比亚镇常春藤巷
生卒年	1880年6月27日—1968年6月1日
身份	现代女作家、教育家、社会活动家
代表作	《我的一生》《我的天地》《假如给我三天光明》《我的人生故事》《我的后半生》
个人简历	1880年6月27出生在美国亚拉巴马州塔斯喀姆比亚。 1882年1月因患猩红热致盲致聋。 1887年3月安妮·莎丽文成为海伦·凯勒的老师。 1899年6月考入哈佛大学拉德克利夫女子学院。 1904年6月大学毕业,开始写作和讲演生活,跑遍美国各地,周游世界各国,全心全意为聋盲人的教育和福利事业贡献一生。 1959年联合国发起"海伦·凯勒"世界运动。 1964年荣获总统自由勋章。 1968年6月1日与世长辞
作者说海伦※	只要朝着阳光,便不会看见阴影。——海伦·凯勒
名人说海伦※	海伦·凯勒是人类意志的伟大偶像。——美国《时代周刊》杂志
我来说海伦	海伦·凯勒是一个奇迹!

(带星号的栏目可任选其一来填写,其他栏目必填)

安妮简介表

	名字	安妮·莎莉文。本名：约翰娜（安妮）·曼斯菲尔德·苏利文·梅西
	性别	女
	籍贯	美国马萨诸塞州
	生卒年	1866年4月14日—1936年10月19日
	身份	残障教育家
	代表作	/
个人简历	1866年出生在美国马萨诸塞州一户爱尔兰移民家庭。 3岁患上颗粒性结膜炎导致视力严重受损。 11岁母亲病亡，进入马萨诸塞州救济院。 14岁进入波士顿柏金斯盲人学校开始她的求学生涯。 20岁以优异的成绩毕业。 21岁担任海伦·凯勒的家庭教师。 1936年10月19日逝世	
作者说安妮※	我之所以能取得如此成绩，一半功劳应归于我的老师——安妮·莎莉文，是她打开我紧闭的心扉，是她指引我跨越出痛苦的焦暗深渊。——美国作家、教育家海伦·凯勒	
名人说安妮※	海伦取得的非凡成就归功于她的聪明才智，也归功于安妮·莎莉文的天赋，安妮在海伦早期教育中运用的教学方法对所有教师意义重大。——亚历山大·格雷厄姆·贝尔	
我来说安妮	安妮·莎莉文是创造奇迹的大师！	

2. 结合文章目录，根据上表信息，从海伦和安妮两人中任选一人，用她的口吻叙述《假如给我三天光明》一书故事。

老师小结：这本书是海伦·凯勒的自传。自传是传记的一种，读传记可以了解人物的出生、性别、籍贯、求学、主要事迹、贡献等情况。

海伦·凯勒幼年时期因为一场大病变得又聋、又盲、又哑，安妮·沙莉文老师的到来，给海伦·凯勒的生活带来了希望。在老师、亲人和朋友的帮助下，她逐渐学会了阅读和写作，学会了说话，也感受到许多不同的事物。经过艰苦努力，海伦·凯勒终于考入了哈佛大学，成为世界上第一个拥有高等院校经历的聋哑盲人。进入社会后，海伦·凯勒参与到为盲人争取更多的福利活动中，她不辞辛苦、四处奔波，为盲人的福利事业作出了卓越的贡献。

19世纪有两个奇人，一个是拿破仑，一个是海伦·凯勒。拿破仑试图用武力征服世界，他失败了；而海伦·凯勒试图用笔征服世界，她成功了。——美国作家马克·吐温

任务三：作品印象·批注法圈画评点

1. 海伦经历不凡，但眼睛明亮的现代人为何读集聋盲哑于一身作家的作品《假如给我三天光明》？本书有什么价值？跳读作品，运用批注符号找出相关语句，写下你的发现。

提示：一个打动你的词；一句感动你的话；一幕温暖你的场景；一个感同身受的细节；一些照亮心灵的妙语。

2. 学生小组内分享批注发现，推荐优秀作品在班级内展示交流。

3. 批注挑战台：学生分享批注内容。

【预设】置身于这样一个绿色花园里，总是令人心旷神怡。这里有爬在地上的卷须藤和低垂的茉莉，还有一种叫做蝴蝶兰的十分罕见的花。因为它那容易掉落的花瓣很像蝴蝶的翅膀，所以名叫蝴蝶兰，它能发出一阵阵甜丝丝的气味。但最美丽的还是那些爬山虎。在北方的花房里，很少能够见到我南方家里的这种爬藤植物。

它到处攀爬，一长串一长串地倒挂在阳台上，散发着清香，丝毫没有尘俗之气。每当清晨，朝露未干，它的身体摸上去是何等柔软、何等高洁，使人陶醉不已。我时常情不自禁地想，天堂花园里的曝光兰，怕也不过如此吧！

【批注】这就是海伦·凯勒生活的家，她对家中绿色花园的描写。没有视觉、听觉，仅仅凭借触觉、嗅觉等有限的感官，海伦却以细腻的文笔，给我们呈现了世界的丰富多彩、神奇美妙。透过海伦·凯勒优美细腻的文字，我们欣赏到了一幅幅美好的画面。此时，我想起了海伦·凯勒的一句话："要知道，仅凭触觉，我就已经能够得到那么多的快乐。倘若我能看到，那么世界又将会在我的眼前呈现一席多么壮美的盛筵啊！"

【明确】因为作者不凡的品质，作品内容励志，文章语言优美，故事情节感人等，吸引着一代代人阅读《假如给我三天光明》，使它成为风靡全球的名著。作品也以它独特的魅力鼓励着我们前行，它献给世人两大礼物，一是让世界更了解聋哑人，关注这类人群的生活；二是唤醒了正常人对生活的审视，更加热爱生活。

每一本书的封面之下都有一套自己的骨架。作为一个分析阅读的读者，你的责任就是要找出这个骨架。——【美】莫提默·J.艾德勒；查尔斯·范多伦《如何阅读一本书》

任务四：阅读印象·制订阅读计划表

《假如给我三天光明》是一本值得读懂读好读深的作品，如何更好地阅读呢？小组讨论制订自己的阅读计划表。（略）

板书设计

海伦印象·生命的一个美丽奇迹

了解聋哑人　　唤醒正常人

导读课活动任务单

一、知识卡片

1. 批注：阅读时在文中空白处对文章进行批评和注解，作用是帮助自己掌握书中的内容。它是我国文学鉴赏和批评的重要形式和传统的读书方法，直入文本、少有迂回，多是些切中肯綮的短词短句，是阅读者自身感受的笔录，体现着阅读者别样的眼光和情怀。

2. 了解批注符号

符号	称谓	作用
～～～	波浪线（也叫曲线）	划在文章精辟和重要的语句下面
○○○○	圈	标在文章的难词下面
——	直线	标在文章中需要着重领会加深记忆、理解的语句下面
？	疑问号	用在有疑问的语句末尾
‖／	分隔号	用来划分段落与层次

3. 常见的批注类型

类型	理解
感想式批注	如果一个人动了心去读文章，就一定会有或深或浅的感想。感想式的批注，能帮助他们深入地理解文本，把握文章主旨
质疑式批注	"学者先要会疑"，不疑不能激思，不疑不能增趣。有了疑问，让学生带着问题读书，才会让他们读进去，真正地走入文本，与文本、与作者进行对话。这种批注式阅读方法，有利于培养学生的怀疑与探究精神

续表

类型	理解
联想式批注	阅读教学的一个重要任务就是培养学生的联想能力，让他们能够由此及彼，能够自觉地由文本迁移到文外。这种阅读方法有助于学生知识的迁移、信息的归类整合
评价式批注	要想发挥学生的主体地位，充分尊重他们的阅读体验，就应该允许并提倡他们对阅读作出或褒或贬的评价
补充式批注	这种阅读方法就是让学生顺着作者的思路，依照作者的写法，接着为作者补充，也可以称得上仿写、续写。它能活跃学生的思维，打开学生的视野，让学生学习作者的写作方法，快捷地提高写作能力

二、活动任务

（一）快读赛：挑战你的菜

任选《假如给我三天光明》一篇文章，在三分钟之内读完，并将故事内容讲给同桌同学听。比比谁读得快，复述得最完整。

（二）微知识：填写人物档案表

海伦简介表

照片	名字	
	性别	
	籍贯	
	生卒年	
	身份	
	代表作	
个人简历		
作者说海伦※		
名人说海伦※		
我来说海伦		

（带星号的栏目可任选其一来填写，其他栏目必填）

安妮简介表

照片	名字	
	性别	
	籍贯	
	生卒年	
	身份	
	代表作	
个人简历		
作者说安妮※		
名人说安妮※		
我来说安妮		

（三）读书者：最打动我的一句话

自读课文，将自己感受最深的句子或段落用批注符号勾画出来，至少选两处运用不同的批注类型进行分析。

我的摘抄：_____

我的批注：_____

我的摘抄：_____

我的批注：_____

（四）酷写作：海报设计

在互联网上选一幅或几幅图片（也可自己绘图），配以200字左右的话语，制作海报，动员学弟学妹阅读《假如给我三天光明》。

对话海伦·开启黑白交替的人生

——《假如给我三天光明》研读课

【研读目标】

1. 学习不同的阅读方法，把握作品语言的优美和情感的隽永。

2. 开展探究性活动，在自主合作中培养学生高阶思维。

3. 运用对话理论，了解海伦·凯勒一生，引导学生做一个有毅力、有信心、有爱心，敢于挑战困难的人。

【研读重点】运用对话理论，了解海伦·凯勒一生，引导学生做一个有毅力、有信心、有爱心，敢于挑战困难的人。

【研读过程】

导入作品：

朗读一首伊朗电影里的诗——《天堂的颜色》，从中你读到一位怎么样的主人公形象？

> 我看不见……
> 黑色，是我眼前的全部。
> 但我能触碰，我能聆听……
>
> 在幼鸟的身上，我摸到了新生的喜悦；
> 在汽车的窗外，我抓到了清晨的凉风；
> 在妹妹的脸庞上，我抚摸到了笑容；
> 在奶奶的手掌里，我感受到了温柔。
>
> 啄木鸟的对话、海鸥的悲歌，
> 麦穗的细语、溪水的呢喃。
> 在黑色的世界里，我能触碰、聆听到
> 这天地的无限可能……

师：黑色，是我的全部。这不是一位明眼人的生活，但他却反复说"我能触碰、聆听到……"，描绘的世界又是如此可爱多彩，只有心怀感恩、内心强大而乐观的人才能发出这样的声音。今天，我们也要走进一位聋盲哑人，上帝只留给她一片黑暗的世界，她却找到了自己的另一片天空。

任务一：对话童年·沦陷黑暗的世界

速读作品第一章，找出相关语段，对话童年的海伦，19个月的你，突然什么也看不见，听不见，生活与别人不一样，你是怎么想？又是如何面对的？

【预设】

1. 当我睁开眼睛，发现自己竟然什么也看不见，眼前一片黑暗时，我像被噩梦吓倒一样，全身惊恐，悲伤极了。

2. 我逐渐忘记了以往的事，只是觉得，我的世界充满了黑暗和冷清。

3. 不久，我渴望交流的心情变得如此强烈，以至于每天都要发脾气，有时候每个小时都要闹一次。

小结：巴赫金说："单一的声音，什么也解释不了，什么也解决不了。"生活在黑暗世界里的海伦，陪伴她的是无助、恐惧、痛苦、无奈。发现自己与他人不一样后，海伦性格更是暴躁，时常用发脾气来发泄自己的情绪。上帝给了海伦黑暗，她失落在黑暗里，无法挣脱。

任务二：对话安妮·穿透黑暗的人性之光

从一个身残的柔弱女子长成一个伟大的人，海伦的一生就是一个传奇的励志故事，跳读作品，思考究竟是海伦自己成就了海伦，还是莎莉文老师成就了海伦？

观点1：是莎莉文成就了海伦。因为莎莉文采用特殊的教育方法，带海伦走出黑暗，从此无忧无虑地生活在爱的喜悦与惊奇中，体味着世间的一切美好，让海伦的世界阳光灿烂。五十年的朝夕相伴，半个世纪的相携扶持，不仅仅是因为"老师"这个称呼。正如海伦自己所说的：

"我也分不清，对所有美好事物的喜爱，有多少是自己内心固有的，有多少是她赐予我的，她已经成为我生活的一部分，我是沿着她的足迹前行的，我生命中所有美好的东西都属于她，我的才能、抱负和欢乐无不由她的爱点化而成。虽然我眼前一片黑暗，但因为老师带给我的爱心和希望，使我踏入了思想的光明世界，我的周围也许是一堵堵厚厚的墙，隔绝了我与外界沟通的道路，但围墙内的世界种满了美的花草树木，我仍然能欣赏到大自然的神妙，我的住屋虽小，也没有窗户，但同样可以在夜晚欣赏满天闪烁的繁星。"

海伦拥有的一切都离不开莎莉文老师，所以没有莎莉文就没有海伦的今天。

观点2：海伦自己成就了海伦。

观点3：海伦自己、莎莉文老师及周围的所有人共同成就了海伦。

学生合作探究，言之成理即可。

小结："两个声音才是生命的最低条件，生存的最低条件——巴赫金"。莎莉文老师用爱化开了厚实的黑暗之光；海伦母亲、爱迪生、泰戈尔、福特、卡耐基、马克·吐温……人性之光，穿透一切黑暗；海伦自身对生命充满着感恩和珍惜，毅然接受去挑战，以她的顽强、执着，在黑暗中寻找光明。所有人的爱与温暖，尽心相助，点亮了海伦的世界，完成了海伦的蜕变。

任务三：对话自己·打开生命的意义

1. 细读第八章，海伦·凯勒这样安排她获得视力的这三天，你认为她能够大体掌握生活的全貌吗？

交流明确

	白天	晚上	活动表现
第一天	看望亲爱的老师，约朋友来家，树林散步，看落日	回忆这一天	作者对亲情的重视
第二天	参观自然史博物馆，参观艺术博物馆	看戏	作者对物质方面和人类的精神生活的关注
第三天	游览纽约城，看日常人的生活和世界	看戏剧	作者对世人生活的关心

小结：三天的活动，是对人类生活的全面考察。既表现内心对生活中美的追求，也表达对人类生活的高度赞美，并以自己的痛苦经历和美好渴望，劝诫世人要珍惜光明，珍惜光阴。

2. 小组讨论：海伦·凯勒在文章结尾时写道："也许，我的这篇简短的关于怎样度过这有视力的三天的设想和你们设想的遭致失明的情况下的愿望不一致——为你今后的漫漫长夜保存下回忆。"作为有视力的我们，为何像海伦·凯勒所说的那样对很多美好的生活场景"懒洋洋"的视而不见呢？然后闭上眼睛，想象一下如果你"只剩下"三天的视力和光明，你怎样度过这三天？要观看什么？要完成什么？和小组成员彼此交换一下这"三天"的计划，也许你会看到一个不同以往的世界。

任务四：解密对话·特殊对话的启示

《盲人看》里的盲人说："别人用眼看，咱可以用心看，用耳朵看，用手看，用鼻子看……加起来一点不比别人少啊。"从一位集盲聋哑于一身的海伦，到被人赞为"意志偶像"，海伦蜕变及千千万万的海伦们现象，给了你什么启示？

播放视频《尼克·胡哲励志演讲》

老师总结："幸"与"不幸"只是一种心态，总是相对的，关键在于你以什么样的心态去对待，海伦用她艰难却幸福的一生，诠释了生命的意义。她的一生，是生活在黑暗中却给人类带来光明的一生，她用行动证明了人类战胜生命的勇气，她用坚强给世人留下了一曲生命之歌——《假如给我三天光明》。我们也要怀着一颗坚强、乐观、感恩的心去寻找我们的世界，因为心有多亮，世界就有多宽广。

拓展作业：

海伦的精神震撼了世界，今天因特网上发现很多以海伦·凯勒命名的残障人士网站，民间也有很多以海伦·凯勒命名的帮助残障人士的协会，你的身边有残障人士吗？

帮助过他们吗？接触过类似的协会、登陆过类似的网站吗？做过爱心助残的义务活动吗？看看图书馆或者网上的资料库能否帮助到你，设计一下调查问卷，实地考察一下他们的情况。

板书设计

对话海伦·开启黑白交替的人生

黑暗 —蜕变→ 光明
对比

研读任务单

任务一	安妮·莎莉文老师以极大的耐心和爱陪伴海伦。老师的爱化在一个个事件的细节里，概括你印象最深的两个细节	细节一：_____ 细节二：_____ 莎莉文给我的印象：_____
任务二	在生命中最美好的三天里，海伦是怎样规划的？	由于某种奇迹给予我三天光明，紧接着又重新陷入黑暗。我会把这三天这样度过： 第一天：_____ 第二天：_____ 第三天：_____
任务三	现在，做个假设，假如你只有三天可以看见光明，你的目光最想凝视什么？	第一天：_____ 第二天：_____ 第三天：_____

续表

任务四	有一种读书方法叫"按图索骥",让你由一本书走向更多书,海伦提到了很多书,记录一些作者和书名,挑感兴趣的搜索,确定你最想读的一两本	确定我要读的书:_____ 搜索到的相关信息:_____ _____ _____ 书名及作者:_____ _____

海伦之光·点亮我们生命的星空

——《假如给我三天光明》阅读交流课

【交流目标】

1. 绘制海伦人生地图,再现海伦的人生轨迹,激发学生热爱生活的感情,培养珍爱生命的意识。

2. 通过绘制与展示思维导图,呈现海伦给自己印象最深的一点,表达自己对海伦的独特感受。

3. 借助展示活动,提出问题、质疑问题、解决问题,培养高阶思维能力。

【交流重点】以思维导图展示学生的阅读体验

【交流过程】

导入:

海伦说,一本新书,就像一艘船,带领我们从狭窄的地方,驶向那无限广阔的海洋。海伦的自传体《假如给我三天光明》给我们以鞭策激励,经过一段时间的阅读,我们一定能读到海伦的内心深处,读出我们自己。这节课就让我们展示同学的阅读体验。

活动一:追寻海伦·绘制人生旅行图

根据本书,在纸上标画出一幅"海伦的人生旅行图",并配以必要的文字说明。在尊重事实的基础上,同学们可以尽情展现自己的创意。你可以用不同的色块表达海伦在此地生活留给你的印象,你也可以手绘一些具有典型意义的人、事、景。

我们以小组为单位完成了任务,并推选出两份作品。请以演说的形式再现海伦的人生之旅。其他组为点评方,请点评方简短阐述展示方的亮点。

活动二：图说海伦·图解海伦成长史

《假如给我三天光明》的字里行间始终驻守着一个真实的天才，比人们想象中的还要真实和精彩百倍。很多细节让人在捧读之时潸然泪下，不能自已。海伦之所以成为海伦，与她的家庭环境、亲朋师友、爱情、信仰、个性、际遇等有着密切不可分的关系。海伦的生命历程给你留下的最深印象是什么？请用一个关键词或短语表达海伦最吸引你的一点，并以思维导图的形式展示支持你观点的书中细节，细节旁可标注章节页码等。请将创意导图绘制在A4纸上，尽量做到独特、清新、丰富、精彩、深刻。

活动规则：个人绘制思维导图，班内小组交流后推出优秀作品展出，每班推选三个最精彩者代表发言（发言者包括影响海伦的人、海伦人生的形成等），采取"车轮战"的形式，选手轮番上场。

展示要求：

（1）一人或多人合作展示作品。

（2）小组代表（组长）分享讨论结果。

（3）其他小组同学补充或质疑。

我们小组选择的关键词是：_____

我们的思维导图如下：_____

发言展示完毕，组长提问：有没有其他小组的同学进行补充或质疑？

活动三：重组海伦·挑战名家我最行

《假如给我三天光明》夏志强译本将海伦·凯勒76篇散文分成八个部分，有人认为分得太细了，认为分三至五个部分就可以了，请根据你对本书的阅读体验尝试着将这八个部分进行重新组合，你认为哪几个部分可以组合，能给他们取个好听的名字吗？

1. 《苦难是人生最好的试金石》

2. 《希望就躲藏在绝望的背后》

3. 《鼓满信心风帆驶向成功彼岸》

4. 《知识是人生最大的财富》

5. 《拥抱生活，亲近自然》

6. 《用感恩的心态面对生活》

7. 《创造奇迹的人》

8. 《假如给我三天光明》

我将_____组合，取名_____，理由_____

我将_____组合，取名_____，理由_____

我将_____组合，取名_____，理由_____

我将_____组合，取名_____，理由_____

我将_____组合，取名_____，理由_____

发言展示完毕，组长提问：有没有其他小组的同学进行补充或质疑？

阅读的过程就是读者与作者进行心与心的交流的过程，我们在与海伦·凯勒的交流中，受到怎样的启迪和教育？

小结：

海伦虽然身患残疾，但她的品性、人格却是美好的；虽然面对种种在他人看来难以克服的困难，但以微笑面对厄运，以顽强的毅力克服困难，以杰出的成就显示一个残疾人的生命价值。像海伦这样身残志坚，作出了一个健全的人所没有的巨大成就，这样的例子在我们人类还有很多。从他们身上，我们悟出了生命的真谛：奉献、创造和奋斗。

课后拓展：

1. 推荐阅读《渴望生活——梵高传》，比较两部作品的不同特点。

2. 完成"海伦·凯勒纪念馆"筹建任务。具体任务如下：

（1）选址（2）主展厅设计（3）花园雕塑设计

白洋淀纪事

——孙犁

一、作品介绍

《白洋淀纪事》是孙犁创作的小说、散文的结集。此书主要表现抗日战争和解放战争时期,冀中、冀西地区人民的斗争和生活,赞颂了他们热爱祖国、纯朴善良、机智勇敢等精神品质,深情讴歌了战争年代的人情美、人性美。

其中《荷花淀》《芦花荡》这对"姊妹篇"最负盛名。故此次课程设计借《荷花淀》为载体,引导学生体会孙犁作品中人物美、语言美。

二、实施要求

《白洋淀纪事》所收录的作品可读性强,能吸引学生兴趣。在作品中塑造了一系列经典的人物,其中以北方农村青年女性形象最为突出。值得引起我们注意的是孙犁笔下存在如此多的人物,为何还能各有特色?因此引导学生学习孙犁塑造人物的精湛写法至关重要。

此外孙犁作品虽描绘的是人民抗战时期的生活画面,但未出现硝烟弥漫、生灵涂炭的战争场面,而是形成了自己自然朴素、清新明快的风格。孙犁的小说是散发着水草味、荷花香的风景画,充满了诗情画意,给读者以美的享受。

三、导读攻略

《白洋淀纪事》被推荐在统编版七年级上册的第三单元名著导读课中,本单元重点学习默读。名著导读课从《白洋淀纪事》中的《荷花淀》入手,首先通过圈点批注的读书方法由学生自主阅读。接着借助剧本创作、课本剧表演的形式深入文本感知人物美、语言美。

七年级上册第三单元的作文主题为"写人要抓住特点"。故名著研读课将学习孙犁人物塑造的写作方法,并将其运用在自己的写作中。学生课前思考孙犁人物创作成功的原因,围绕《荷花淀》一文进行探讨,也可适当联系《白洋淀纪事》中其他作品。

阅读交流课以"好书推荐海报设计"成果展示为主,从整本书感知孙犁笔下的人物及其创作特点。最后联系名家对孙犁的点评探究孙犁创作成功的原因。

将全书分为5—6个部分,每部分给出阅读的时间、所需完成的题目及其他要求。预计此书完成阅读需要7周时间。

日期	需要完成的任务
第一周次	开始阅读《白洋淀纪事》
第二周次	第一次上交,交流《阅读进度表》
第三周次	在已完成的阅读篇目中,选取一篇最有感触的文章,写读后感。并在此周进行名著导读课
第四周次至第六周次	继续阅读课文,以小组合作的形式,共同创作以《白洋淀纪事》为主的"好书推荐海报"(要求详见教学设计中作业布置)
第七周次	教师汇总。在名著交流课分享各小组海报设计并阐述自己的设计理念,最后老师带领共同探究孙犁创作成功的原因

布置相关阅读任务时,将下发"自主阅读记录表",以此对学生阅读进行诊断性评价。帮助学生能将学习目标进行分步骤完成。

_____(姓名填写)_____ 的《白洋淀纪事》自主阅读记录表		
阅读时间(起止时间)\ 此次阅读起止页数	是否安静阅读	阅读时是否与他人交流(若交流书中问题可记录)
本阶段阅读感受(可从情节、人物、写作技巧、联系生活实际等多方面写下自己的感受)		

一出好戏
——《白洋淀纪事》导读课

【导读目标】

1. 探究名著有效阅读方法，激发阅读兴趣并采用默读方式进行阅读。

2. 通过剧本创作及表演，感知人物形象。

3. 感受战火时期人们之间的真善美。

【导读重点】品出人物鲜明个性，探究其身上的优秀品质。

【导读过程】

一、图片导入

1. 以白洋淀的风景图导入，让学生描述画面之美。

师：但在七十多年前，这里却遭到了日本侵略者铁蹄的蹂躏！在抗战时，白洋淀人民积极投身到保卫家园的民族战争之中。在美丽的白洋淀里，演绎出一幕幕抗日的传奇故事。作家孙犁就用笔将这些故事记录了下来。

2. PPT 出示作者背景

孙犁，现代小说家、散文家。主要作品有：《荷花淀》《芦花荡》等，后来都收在《白洋淀纪事》，这是作者最负盛名和最能代表他的创作风格的一部小说和散文合集。

二、剧本创作——品人物形象

1. 快速默读《荷花淀》这篇文章，思考文章可以分成哪三部分，并在文章适当处针对人物形象进行分析并圈点批注。

明确：文章分为三个部分。（1）夫妻话别——开端；（2）探夫遇敌——发展；（3）助夫杀敌——高潮。

2. 出示《荷花淀》课本剧片段：（1）让学生对比课本剧与原著的不同，找出剧本的基本组成要素；（2）再以小组合作的形式选择小说中的一个部分进行剧本创作。（分发任务单）

课本剧片段[1]：

第一幕：夫妻话别（片段）

人物：水生嫂和妇女甲、乙、丙

---

[1] 引自《百度文库》

时间：月亮升起来

地点：场院里

月亮升起来了，院子里凉爽得很，白天破好的苇眉子，湿润润的，正好编席，女人们坐在小院当中，手指上缠绕着柔滑修长的苇眉子，苇眉子又薄又细，在她们怀里跳跃着。要问白洋淀有多少苇地？不知道。每年出多少苇子？不知道。只晓得，每年芦花飘飞苇叶黄的时候，全淀的芦苇收割，垛起垛来，在白洋淀周围的广场上，就成了一条苇子的长城。六月里，有无数的船只，运输银白雪亮的席子出口，不久，各地的城市村庄，就全有了花纹又密、又精致的席子用了。

（女人们相互欣赏着对方的手艺，唧唧喳喳说个不停，妇女丙不停地朝门口走去，一遍又一遍地望着通往前村的路。）

妇女丙：（小声嘟囔）真急人！

妇女甲：（望着圆月）今晚的月色真美啊！

妇女乙：是啊，真美！可我总觉得缺了点儿什么，心里空荡荡的。

妇女丙：嫂子，你说他们啥时候回来？

妇女甲：是啊，他们什么时候回来？

妇女乙：去了都快一天了。

水生嫂：妹妹们，放心吧，他们很快就会回来的。天已经很晚了，你们都回去吧，在家弄上点饭菜，慢慢等着他们吧！

妇女甲：他们也真是的。

妇女乙：捎个信也是强的吧！

妇女丙：可他们……唉！

妇女甲：唉……

妇女乙：唉……

妇女甲、乙、丙：唉……

水生嫂：回去吧，妹妹们，要体谅他们的难处，多替他们着想。

妇女甲、乙、丙：嗯，知道了，我们走了，嫂子！

（妇女甲、乙、丙带着各自的东西下。）

《白洋淀纪事》之《荷花淀》任务单

【我是小小剧作者】：

第____幕：

人物：_____

时间：_____

地点：_____

景象介绍（简要）：_____

对白（对白设计中可加入动作、情态等舞台说明，为后期表演提供依据）：

注：对比阅读，着重对舞台说明进行强调。

3. 小组剧本分享对比，选出最佳剧本，通过此分享环节，分析人物形象。

4. 演一演。小组进行表演，并根据量表对表演进行评价。

评星项目	评星
台词流畅	☆☆☆☆☆
台词讲述富有情感且符合人物	☆☆☆☆☆
有肢体动作的设计且符合人物	☆☆☆☆☆
表演中神态有变化且符合人物	☆☆☆☆☆
小组成员配合默契	☆☆☆☆☆

请学生评价时，引导学生说出自己的理由。在点评中再次通过文本对人物进行分析。

明确：刻画了水生嫂这样一个勤劳纯朴，挚爱丈夫，热爱祖国，识大体、明大义的农村妇女形象。也刻画了水生热爱祖国，处处以民族利益为重，事事争先，也爱家庭、妻子、孩子，体贴理解妻子，鼓励妻子进步这样一个革命战士的形象。

三、走进语言，谈谈孙犁的语言风格

在改编及表演的基础上，让学生探讨孙犁先生的语言风格。可出示"华丽绚丽""委婉含蓄""朴实无华""简洁洗练""雄浑豪放"等关键词，让学生选择合适的词进而选取合适句子展开分析。

明确：孙犁小说语言质朴、简洁、优美，富于诗情画意。

四、作业布置

1. "好书推荐海报设计"活动要求：

（1）以小组的形式开展，活动过程中明确分工。可设置文案负责人、海报资料搜寻人、图画设计人、图像摄像师等。

（2）明确"好书推荐海报"设计时什么要素是必不可少的。可通过网络搜寻相关海报，归纳出要素。

（3）在明确要素基础上，联系《白洋淀纪事》中的人物、情节、内容等进行构思、设计。

（4）各小组完成海报设计后，以文字或 ppt 形式来介绍自己的海报设计理念。交流课将进行展示和阐述理念，并依据评价标准对各小组作品进行点评。

2. 评价标准（可让学生在设计海报的过程中通过讨论进行升级，制定更全面的评价标准）：

\<白洋淀纪事\>好书推荐海报设计评价						
标准	海报设计的主题是否明确？	海报设计与《白洋淀纪事》是否具有关联性？	是否激发你去阅读《白洋淀纪事》的兴趣？	海报是否体现设计者的理念？与作品人物、情节、主题等方面是否有出入？	……	
1							
2							
……							
最佳作品							

让笔下人更精彩

——《白洋淀纪事》研读课

【研读目标】

1. 探究人物塑造的方法，能抓住人物特征进行较准确、具体的人物外貌描述。

2. 能通过人物的外貌、语言、动作等描写表现人物个性。

3. 能够发现生活中的亮点，明白创作来源于生活。

【研读重点】

1. 学习并运用适当的描写方法进行片段写作。

2. 能通过描写体现人物内在品质。

【研读过程】

一、导入新课

同学们的作文常是"千人一面""众口同腔"。而在《白洋淀纪事》中孙犁一人竟能创造出许多各色人物，让读者记忆深刻。为何他的创作如此成功？我们所写的人物怎样也能站立起来，走动起来呢？今天，我们就来解决这个问题，帮助大家走出"大众化""概念化""脸谱化"人物描写的误区。

二、回顾总结，得出方法

1. 请同学们重新回顾本单元文章，完成以下表格（人物多样，可有不同）。

作品	作者	经典人物	人物特点	塑造方法
《从百草园到三味书屋》				
《再塑生命的人》				
《荷花淀》				

明确：

作品	作者	经典人物	人物特点	塑造方法
《从百草园到三味书屋》	鲁迅	寿镜吾先生	迂腐、严而不厉	动作描写、语言描写、外貌描写
《再塑生命的人》	海伦·凯勒	莎莉文老师	有爱心，具有极大的耐心、毅力	动作描写、语言描写
《荷花淀》	孙犁	水生嫂	勤劳普通的农村妇女但深明大义、勇敢	语言描写、动作描写

小结：在描写人物的时候要适当运用各类描写方法，且人物创作源于生活。我们难凭空塑造一个人，因联想身边人选择其特点进行创作。

2. 回归《白洋淀纪事》交流各类方法：

（1）以貌传神，写出人物的特点。

PPT出示《白洋淀纪事》中的语段，猜一猜是哪个人物。

①这个人，确实是三十二岁，三月里生日，属小龙（蛇）。可是，假如你乍看他，

你就猜不着他究竟多大年岁，你可以说他四十岁，或是四十五岁。因为他那黄蒿叶颜色的脸上，还铺着皱纹，说话不断气喘，像多年的痨症。眼睛也没有神，干涩的。但你也可以说他不到二十岁。因为他身长不到五尺，脸上没有胡髭，手脚举动活像一个孩子，好眯着眼笑，跳，大声歌唱……（《邢兰》中邢兰）

②老头子浑身没有多少肉，干瘦得像老了的鱼鹰。可那晒得干黑的脸，短短的花白胡子却特别精神，那一对深陷的眼睛却特别明亮。（《芦花荡》中老头子）

③他有五十岁年纪了，他的瘦干的脸就像他那左手握着的火钳，右手抡着的铁锤，还有那安放在大木墩子上的铁砧的颜色一样。他那短短的连鬓的胡须，就像是铁锈。他上身不穿衣服，腰下系一条油布围裙，这围裙，长年被火星冲击，上面的大大小小的漏洞，就像蜂巢。在他那脚面上，绑着两张破袜片，也是为了防御那在捶打热铁的时候迸射出来的火花。（《铁木前传》中傅老刚）

小结：根据需要，抓住特征，绘形传神，刻画性格，显示灵魂。外貌描写必须切合文章的主题，能为刻画人物服务。

（2）用语言、动作、心理等展示人物个性。

PPT出示：《荷花淀》一文中"夫妻话别"修改后的对话。[1]

（很晚丈夫才回来……）女人抬头瞪着他说："死到哪里去了，这么晚才回来！没你的饭了。"说着，拍拍手站起来要往灶间走。

水生坐在台阶上说："吃过饭了，你不要去拿。"

女人就又坐在席子上。她望着丈夫的脸，她看出他的脸有些红涨，说话也有些气喘。她说："有事快说。我知道，回来晚了一准没好事。"

水生咧嘴笑了，"你看你，尽瞎猜。"四下里看看又说"爹呢"？

"你还有爹呀？早睡了。"

"小华呢？"

"你甭跟我打岔，到底有什么事？给我痛快点。"

水生小声说："明天我就到大部队上去了。"

女人停下手里的活儿，怔了一下，站起来，并不看水生的脸。"不就是这么点事嘛，还又问爹问小华的，婆婆妈妈不直说。我给你弄点饭去。"

水生一把拉住她："我吃过了。今天在县里开会，会上决定成立一个地区队。我第一个举手报了名的。"

女人的眼睛熠熠闪光："这才是我的好丈夫，爹的好儿子。你要是不积极，爹和我都不依你。"

---

[1] 引自百度文库

比较原文中的女人和改写后的女人性格及心理的异同。

异——原文中的女人：温顺、体贴，对丈夫极为依恋，甚至有些缠绵，虽然她同时也是含蓄的，但她是有勇气、有准备承担丈夫交给她的任何责任的。（水）

改写后的女人变得泼辣、外露，她用表面上的不在意掩饰内心的不舍之情，故意把事情说得轻描淡写好让丈夫放心。（火）

同——对丈夫的举动都很敏感，都很爱自己的丈夫，都有一颗金子般的爱国心。

小结：一个人的语言表达是展示其性格特征的镜子。不同的语言所呈现出的人物性格截然不同。并且语言一定要符合所塑造人物的个性特点。

PPT 出示：

"女人的手指震动了一下，像是叫苇眉子划破了手，她把一个手指放在嘴里吮了一下。"

这是水生嫂听到丈夫报名参军之后出现的动作描写。"震动"可见水生嫂听到消息后的出乎意料及内心的复杂。"吮"是水生嫂用这个动作迅速平衡自己的情绪，不愿让丈夫发现自己的不安。从中可见水生嫂识大体、明大义、个性坚强。

小结：动作描写对刻画人物性格、表现人物品质有着非常重要的作用，要描写人物的行为，就必须细心观察人物的动作，精心选择最准确、最恰当的词语。

三、学以致用

1. 同伴"速写"。选择一个你熟悉的同学，先仔细观察，然后抓住对方的特点，用 200 字左右给他"画"一幅肖像。描写过程中不出现对方的名字，看看他们能否猜出你写的是谁。

2. 评选"速写"。请同学范读片段，投票选出"最佳速写"。投票依据如下：

（1）人物特征是否突出，让人一看就能猜到是谁。

（2）是否选取了最能体现人物性格的典型事件。

（3）外貌、语言、动作等细节描写是否准确、精炼，描写是否生动。

四、作业布置

1. 以课堂练笔为基础，自拟题目，将其拓展为一篇以人物为主的记叙文，不少于 600 字。

2. 人物描写手法是我们分析人物形象的一把钥匙，请利用这把钥匙提升对书中人物的理解，让你的定妆照变得更精彩。

定妆照分享会

——《白洋淀纪事》阅读交流课

【交流目标】

1. 交流阅读感悟，学会在阅读中思考。
2. 走近人物，把握文中主要人物的个性，体会抗日战争时期的儿女情、爱国情。
3. 走进作者，了解作者的创作及其作品的影响力。

【交流重点】

1. 分析人物形象。
2. 感受抗日战争时期的儿女情、爱国情。

【交流过程】

一、话语导入

二、走进文本

各小组分享汇报。要求：

各小组汇报时，其他小组仔细听讲，根据评价标准进行记录。

当小组在分享海报设计时，要引导学生分享自己阅读书本、理解书中人物、主题的方法。在恰当时机进行方法总结。如：分析人物形象，不仅可以从人物的描写手法入手，还可以从故事情节、他人评价入手；书中的人物、情节设计、环境描写能让我们看到作者的创作意图，看到作品主题。

分享后，选出最佳设计奖、最具创意奖、最符合作品奖等奖项，以此激发学生对语文活动的热情。

三、走进作者，谈创作成功的原因

师：贾平凹认为孙犁这个名字是不朽的，他曾经影响过几代文学青年。你认为孙犁作品能拨动读者心弦的秘诀是什么？

学生先畅谈，再结合孙犁自身因《白洋淀纪事》重印所写的文章——《在阜平》。

明确：

1. 作者笔下创作的人物如此鲜明，是因为这本书是根据自己的生活经历所写。书中的各色人物，在孙犁所认识的人中都可以找到原型。所以孙犁在创作的时候倾注了自己全部的感情、回忆。

2. 孙犁创作目的令人钦佩。作品是对当时艰苦生活的怀念：怀念饥寒、惊扰和胜利的欢乐，怀念同志们兄弟一般的情感。作者希望这真诚的回忆能让人了解抗战期间真正的历史。

3. 孙犁身在苦难之中仍以诗意的眼睛去看待生活。孙犁的小说主要描写抗日战争时期农民生活及参加抗战的战斗场面，但孙犁没有直接去描写血腥、残酷的战争场面，而是以明亮、诗意的语言文字消解着战争的残酷，坚信人性的美好。让读者感受到了他对国家民族的热爱，对美好人性人伦的深信。

注：前两点学生可从《在阜平》中寻得，第三点需要教师引导学生回顾前两节阅读课，关注内容、语言及主题。

四、作业布置

孙犁的创作及《白洋淀纪事》的成功对你的写作有什么启发？

湘行散记

——沈从文

一、作品介绍

【名著档案】

书　　　名：《湘行散记》	体　　裁：散文（共12篇）
作　　　者：沈从文	成书时间：1934—1935年
关　键　词：游记　沅水风光　湘西风情　生命	

【作者信息】

沈从文（1902—1988），原名沈岳焕，字崇文，湖南凤凰人。作家、历史文物研究者，著有《长河》《边城》等小说。

【成书背景】

1934年，沈从文因母亲病危，回故乡凤凰探望，行前与夫人张兆和约定：每日一信，报告沿途所见所闻。这些书信成为《湘行散记》的主体，可以说是用第一手材料直接为他的人性观、文学观做了证明。

【作品风格】

沈从文的创作风格趋向浪漫主义，融写实、纪梦、象征于一体，语言格调古朴，单纯而又厚实，朴讷而又传神，具有浓郁的地方色彩，凸显乡村人性特有的风韵与神采。始终注目于湘西世界在现代转型过程中不同文化碰撞下乡下人的生存方式、人生足迹及历史命运，整个作品充满了人生的隐忧和对生命的哲学思考。

【文学地位】

有一种说法，说沈从文是中国的托尔斯泰。其实这两人的创作风格迥异，连精神信仰也不相同。但两人有个共同点：都对劳动人民怀有深厚的感情。托尔斯泰赞赏、敬佩农民，甚至自己亲自下地干活。沈从文则喜欢文物，钦佩劳动者的高超技艺。

【内容简介】

（一）主旨概述

《湘行散记》以湘西生活为题材，通过描写湘西人原始、自然的生命形式，赞美人性美。书中既描写了下层人民生活的艰辛与哀戚，透过他们的悲与欢、血与泪，感悟人生的庄严，揭示了作者宏大的悲悯情怀，也为我们描摹出了一幅幅恬淡、幽美、安宁的画面，令人神往。作者用诗意浪漫的文字为我们刻画了军官、侠匪、水手、烟贩、妓女、乡间郎中等一个个性鲜明血肉饱满的人物形象，展示给读者一个和谐的生命形态，一个看似孤独，然而却令人神往的湘西世界。

（二）篇章速览

序号	篇名	内容
01	《一个带水獭皮帽子的朋友》	一个亦英雄亦坏蛋的"梁子"人物，戴一顶价值"48元的水獭皮帽子"是他的特征。他是湘西社会一本活生生的大字典：语言粗蛮却精妙；粗鄙莽撞却"风雅"有加；既善斗却也谦和，读书不多却善于用书，面对不同的人呈现不同性格
02	《桃源与沅州》	描绘桃源生活众生相，反思"文明"与"堕落"的关系。记录为生计的妓女，出卖力气讨生活的水手纤夫，叙述农大毕业生和群众与守城兵的冲突……
03	《鸭窠围的夜》	叙述夜宿鸭窠围一夜的见闻和思绪，描写湘西地区特有的自然景色和独异的人生形态，寄托作者深沉的生命感喟
04	《一九三四年一月十八》	叙述行近沅陵时前后数小时所见所闻所感：长滩上船只遇险；一位拉纤老人为了争执一分钱的固执倔强与"狡猾"；河边村寨的声音与影响
05	《一个多情水手与一个多情妇人》	描写一个水手与一个妓女之间的爱情
06	《辰河小船上的水手》	描写三个水手的形象和精神生活，隐含作者对其隐忍麻木生活的哀伤和"改变"的心愿
07	《箱子岩》	描写相隔十五年两次去箱子岩的感受，热闹欢乐与平静冷清的今昔对比，表达作者对乡土和命运的担忧
08	《五个军官与一个煤矿工人》	叙述"煤矿工人"为生活所迫，铤而走险：杀兵夺枪，做匪首，后被捉，为保存自己的英雄形象，被抓途中机智跳井而亡
09	《老伴》	回忆17年前的一段旅行经历，抒发了不可知的命运给人带来的困惑
10	《虎雏再遇记》	叙写一个野性十足的青年"小豹子"，其原始生命力无法被改造的现实，流露了作者的忧惧

续表

序号	篇名	内容
11	《一个爱惜鼻子的朋友》	叙述一个为吃粮而当兵，卷入军阀混战的印瞎子在时代格局里如何体验一份人生的尊严
12	《滕回生堂的今昔》	作者重归故里，"滕回生堂"的牌号不见踪影，家乡如今烟馆遍布，作者借此表达出对历史变动中的湘西的深深忧思

【阅读价值】

（一）关于牧歌情怀

虽是游记散文，人物事件零落填塞字里行间，但湘西世界独特的自然风光与别样的生命形态编织成沈从文的散文经典，美丽而淳朴的自然风物背后是生命的种种，读懂这份自然的美丽，感受牧歌情怀下的历史变迁是本作品的阅读尝试点。

（二）关于人物群像

平民百姓的底层生活俨然是沈从文作品的聚焦点，也是作品中的人物主像。在这些人物身上没有自带的光芒，只有最真实的"活着"与"生活"，而作者倾注了对他们的所有情感，对农人与兵士不可言说的温爱；对那些性格灵魂被大力所压而失去了原来的质朴、勤俭、和平、正直的农民的同情与无奈；评价那些为生计而出卖肉体的妓女是"更真切一点"……对生命的原始描述恰恰是作者对原始生命体的无上尊重，却在特定的历史视域中埋藏着深深的忧戚。

二、实施要求

《湘行散记》是中国现代文学"无冕之王"沈从文的散文经典，其"温爱与忧愁交织的诗意湘西"，"现代版桃源梦境"的定位对于七年级的学生有一定的难度，作为"自主推荐阅读"作品，其阅读实施要求如下：

1. 教师整体专题主导为主，学生主体自主阅读为辅。

2. 通过阅读作品实现散文文体作品的阅读策略，学生能初步学会阅读散文的方法。

3. 以单篇阅读为线，制定"篇章阅读指导"任务单引导学生通读全书；以专题对比阅读为纲，完成从内容、手法到主题的阅读计划。

4. 自主阅读计划为 10 天，引导阅读计划为 4 课时。

三、导读攻略

【整体框架】

《湘行散记》教学流程设计大致如下：

1. 学生在阅读指导任务单引导下完成作品阅读。

2. 围绕"寻访湘西"路线，重点突破"牧歌情怀"与"原始生命"教学，运用对比手法借助文章景物描写、场面描写的特色，理解文章对生活原生态的叙写和诗意的美学追求。

3. 以交流会形式把握作者在文章中所寄托的深沉的生命感喟。

【阅读计划】

教学阶段	主要内容	教学资源	设计意图
通读指导	借助阅读指导任务单初读全文，完成阅读任务	篇章阅读指导任务单	初步了解内容，理解作者情感，为精读文本、品析人物、领悟作品内涵奠定基础
重点突破1 再见乡色	1. 解读《鸭窠围的夜》 2. 对比阅读《箱子岩》和《滕回生堂的今昔》	环境描写赏析法	1. 感受湘西风情，解读原始生命。 2. 对比理解生命力沦陷因素
重点突破1 又见乡人	1. 对比阅读《一个带水獭皮帽子的朋友》和《一个爱惜鼻子的朋友》 2. 赏析《桃源与沅州》《五个军官与一个煤矿工人》	人物形象对比分析法；场景细节描写法	1. 感受细节场景描写，解读生命尊严。 2. 通过对比把握人物形象。 3. 感受作家平和冲淡的语言风格
交流指导： 重温乡情	撰写生命寄语，开展故事会交流作品主题	学生撰写生命寄语；读书故事会	通过撰写寄语交流，深入理解作品主题

【阅读任务单】

阅读篇目	阅读时间 （10天）	阅读任务	能力指向
对比阅读 01.《一个带水獭皮帽子的朋友》 11.《一个爱惜鼻子的朋友》 10.《虎雏再遇记》	第1-2天	1. 根据人物阅读印象给两位朋友和虎雏各画一幅肖像画。 2. 摘录"带水獭皮帽子的朋友"和虎雏的语言各5句，试分析人物的性格命运。 3. 思考： 　"印瞎子"是个传奇的人物，"鼻子"贯穿文章首尾。围绕着"鼻子"，作者写了印瞎子几件事？ 　帽子朋友"落雪天的大清早从热被窝里脱出赶来送我的行"和鼻子朋友"我住在故乡三天，果然不再同我见面"这样的对比中，你读出了什么？	语言鉴赏；在对比中探索文章主旨；

续表

阅读篇目	阅读时间 （10天）	阅读任务	能力指向
品读赏析 03.《鸭窠围的夜》	第3天	1. 批注：找出文中描写景色的句子，并批注。 2. 思考：本文呈现了湘西水手的生活状态，这些水手活得艰辛而粗糙，何以在沈从文笔下却如此动人？	感受作者忧郁但美丽的叙事情调；体会"原生态"的生活本相与无处不在的主观视角
群像联读 02.《桃源与沅州》 04.《一九三四年一月十八》 05.《一个多情水手与一个多情妇人》 06.《辰河小船上的水手》 08.《五个军官与一个煤矿工人》	第4—7天	1. 建立档案（水手、妓女） 2. 批注：细节描写（《桃源》与《五个》两文） 3. 思考： 《桃》这两种人的命运如何？轻描淡写的叙述表达了作者怎样的情感？ 《一》拉纤老人为了争执一分钱的固执、倔强、狡猾的样子引起了作者怎样的思考？ 《辰》作者对三位水手的描写体现了他对湘西的水手有怎样的情感？	关注"一类"群像人物形象；感受历史场景下的生命形式
对比阅读 07.《箱子岩》 12.《滕回生堂的今昔》	第8-9天	1. 找不同。以表格的形式比较"箱子岩""滕回生堂"在岁月中的变迁。 2. 一句话点评。读者眼中箱子岩/滕回生堂的繁荣/衰败是作者眼中的_____	语言鉴赏，理解主题；文化思考
鉴赏理解 09.《老伴》	第10天	1. 复述故事。 2. 思考：平静的叙述藏着作者深沉不露的情感，文章的字里行间，人物情景表现了沈从文的矛盾心理，作品中哪些语言展现了"美丽的哀愁"这一情感？	内容概述；理解主旨

行走在水上的故事

——《湘行散记》导读课

【导读目标】

1. 借助"阅读任务单"熟悉作品内容。

2. 陈述初读感受，打开沈从文笔下的湘西世界。

【导读重点】熟知作品内容及作品所展现的牧歌情感与命运忧戚。

【课时安排】1课时（在学生阅读作品的基础上）

【导读过程】

一、沈从文印象（8分钟）

1. 作家名片（2分钟）

> 个人信息：沈从文（1902-1988）原名沈岳焕，苗族，湖南凤凰县人。
> 个人经历：
> 　　14岁时，他投身行伍，浪迹湘川黔边境地区，1924年开始文学创作，抗战爆发后到西南联大任教，1946年回到北京大学任教，新中国成立后在中国历史博物馆和中国社会科学院历史研究所工作，主要从事中国古代服饰的研究，1988年病逝于北京。
> 身份头衔：军人、作家、学者、历史文物研究者

问：在这些身份里，你最认可的头衔是哪个？

预设引导：作家。沈从文走进大众的目光是因为他的写作，他所构建的"文学湘西"曾经浸润了无数读者的心灵，散文集《湘行散记》便是其中之一。

2. 他人评价（5分钟）

> 沈从文在一条长达千里的沅水上生活了一辈子。
> 20岁以前生活在沅水边的土地上；20岁以后生活在对这片土地的印象里。
>
> ——汪曾祺

汪老所说的这条沅水正是烙印《湘行散记》作品足迹的河流，作者一路行来，一路记写，其笔下的见闻与脑海的回忆包裹着作者美丽纯净的牧歌情怀与深切的生命忧戚。

问：如果将《湘行散记》拍摄成纪录片，你觉得应该选择怎样的背景音乐才合适？

预设引导：选择舒缓低沉风格的音乐。因为在作家笔下既有湘西独特美丽的自然风光画卷，又在作品中浸透着作者对生命的伤感情愫，总体上选择舒缓低沉较为合适。

3. 编者意图（1分钟）

引导阅读教材P62"沈从文《湘行散记》"，感受作品阅读关注点。

二、叩寻故事（30分钟）

作者从桃源出发，沿沅水上行，经辰州、泸溪、保靖、茶峒到凤凰，写了12个篇章，每个篇章都有自己的主场与主角，我们不妨也逐水而上，去听听这些行走在水面上的故事。

（一）合作学习（15分钟）

以小组为单位，借助"阅读任务单"梳理篇章内容，完成作品"存档纪要"。

《湘行散记》存档纪要

序号	篇名	内容	故事主场	作者思考
01	《一个带水獭皮帽子的朋友》	参阅「篇章速览」	老朋友的"琐事"	"他就是湘西社会一本活生生的大字典"
02	《桃源与沅州》		水手、妓女的生活现状；农大生与守城兵的冲突	"文明"与"堕落"；追求美好，不满现实
03	《鸭窠围的夜》		夜宿鸭窠围的见闻和思绪；水手与妓女的人性美	特有的自然景色和独异的人生形态；命运的无常和生命的沉静
04	《一九三四年一月十八》		长滩遇险；拉纤老人的"狡猾"；河边村寨的声音	经济的衰败，世代的苦难
05	《一个多情水手与一个多情妇人》		水手牛保与多情妇人夭夭的爱情	生命力的无奈和激情，压制与美好
06	《辰河小船上的水手》		三个水手的对话	隐忍麻木生活的哀痛
07	《箱子岩》		十五年的沧桑变迁；热闹欢乐与平静冷清	乱世命运的担忧
08	《五个军官与一个煤矿工人》		为生活，煤矿工人铤而走险；为护形象，"英雄人物"跳井身亡	英雄末路
09	《老伴》		傩右与翠翠的"传奇"	命运的困惑，美丽的哀愁
10	《虎雏再遇记》		"小豹子"的野性	原始生命活力无从改造与转移的忧惧
11	《一个爱惜鼻子的朋友》		印瞎子的传奇人生	人生尊严
12	《滕回生堂的今昔》		滕回生堂的变迁	历史变动的忧思

（二）交流分享（15分钟）：学生交流"故事主场/主角"，教师引导"作者思考"。

三、故事总结

一份作品"存档纪要"让我们初步聆听了发生在一条河上的故事，也似乎听到了沈从文内心的生命呐喊，"文学湘西"的构建不仅有河边迷人的风光，也有那些矗立在河边千年的孤独生命，带着一份思考，我们将启程故事去解读那些风光，那些人生……

四、作业布置

1. 再读作品（《鸭窠围的夜》《箱子岩》《滕回生堂的今昔》《一个带水獭皮帽子的朋友》《一个爱惜鼻子的朋友》《桃源与沅州》《五个军官与一个煤矿工人》）。

2. 完成"阅读任务单"相关任务。

无限风光寂寞　千年生命孤独
——《湘行散记》研读课

【研读目标】

1. 解读相关作品，深入感受作品意蕴。

2. 细读作品语言，品味精彩语句，从中认识沈从文散文语言的风格。

3. 梳理作品思路，理解对比手法的运用及作用，分析人物形象。

4. 探讨作品主题，理解作者对湘西历史的思考与感悟，体会作者对湘西底层人的矛盾情感。

【研读重点】认识作者对湘西历史的审视和对湘西底层人的矛盾情感。

【课时安排】2课时

【第一课时】

（作品：《鸭窠围的夜》《箱子岩》）

【研读过程】

一、导入（2分钟）

> 湘西的现实与历史，作者的见闻与回忆，美丽纯净的牧歌情感与包含着深切忧患的思索，如同相互对立而又交织的音乐主题一般，被精心编织在这部作品中，共同构成了一首深沉绮丽的乐曲。
>
> ——自主推荐阅读编者

湘西世界是构成沈从文作品的审美要素，这一特有的自然景色是读者心中千年不败的风景，让我们走进《鸭窠围的夜》去感受那份美丽而纯净的"田园牧歌"。

二、探访夜色：解读《鸭窠围的夜》（20分钟）

（一）跳读全文，复述场景。（3分钟）

学生快速跳读文章，理清文章结构，自由表达交流。

【参考】本文的结构线索——

景观（夜泊鸭窠围，观水手歇夜吊脚楼景观）

想象（叙水手吃"荤烟"，吊脚楼烤火歇息）

回忆（"温习"15年前似曾相识的情景）

思考（午夜听渔人"赶白"，思历史命运）

（二）借助批注，赏析夜色。（10分钟）

1. 学生整理批注，自由交流。（要求：写了怎样的景色，表达怎样的情感，引发怎样的思考。）

教师引导，感受作品语言风格。

【示例】（景色描绘）

例句1：

天快黄昏时落了一阵雪子，不久就停了。天气真冷，在寒气中一切都仿佛结了冰，便是空气，也像快要冻结的样子……两岸高大壁立的山……这时节两山只剩余一抹深黑，赖天空微明为画出一个轮廓。

点评：渲染了寒夜中鸭窠围河西岸上迷朦而充满生气的氛围，使人如临其境，如睹其景，历久不能忘怀。

例句2：

一切光，一切声音，到这时节已为黑夜所抚慰而安静了，只有水面上那一分红光与那一派声音。

点评：写午夜时分渔人"赶白"，黑夜中"水面上那一分红光与那一派声音"，构成幽远而近乎神秘的氛围令人难忘，文字极富感染力。

2. 根据提示选择其中一个场景作批注。

【提示】

> （场面描写）
> 场景：船只泊定后水手们做饭吃饭歇息上岸的场面。
> 　　　想象中归船水手与吊脚楼妇人叮嘱对话的场面。
> 　　　岸上临街铺子中屋主人与船上人等默坐烤火的场面。
> 　　　禳土酬神还愿巫师在锣鼓声中作旋风舞的场面。
> 引导：以朴素而有表现力的语言，略作勾勒，境界全出，场面骤然生动，极见功力。

（三）跳出夜色，关照生命。（7分钟）

1. 问：在作品中作家笔下这样美丽的夜色，这样生动的场景是为什么而写？

【预设引导】这些夜色，这些场景里融有在常人看来让人心酸的悲苦，如吊脚楼女性生活，如吃"荤烟"烤火及午夜鱼人"赶白"等生活状态。

2. 讨论：这些水手活得那么艰辛、粗糙，何以在沈从文笔下却如此动人？

【预设引导】作品的魅力来自自身的生命体验，沈从文对湘西的人与事有深刻的理解，有深厚的感情；同时，作者赋予作品记人、叙事、状物、写景以高度的自然生动性,在忧郁但美丽的叙事情调中让人温暖,给人力量。

三、对比关照:解读《箱子岩》(15分钟)

过渡:鸭窠围的夜让作者沉浸在寂寞风光的旋律中,那小羊固执而又柔和的叫声让他忧郁,猜想那些名片主人们的命运又让他激动不已,也为水手和妇人哀戚,甚至惊异十五年前自己的事,直到听见水面上"赶白"的声音,望见火光时他又迷惑而忧惧了,那些寂寞的风景,那些孤独的生命让他对湘西这片故土的热爱怀了深深的不安……

重回箱子岩,作者又会遇见什么呢?

(一)圈点勾画:找出作者两次对箱子岩记叙、描写的段落,从中摘要圈点批注。

(二)对比阅读,完成表格。

时间	印象	气氛	事件	感情
第一次 十五年前端午节	鲜艳、明丽、神秘	热闹、欢快	观看划龙舟	热情地赞美
第二次 十五年后过年前夕	寒冷、破败、单调、萧条	冷清、寂寞、阴沉	在一家小饭铺里,遇见一跛脚青年	深深的忧虑

(三)探究思考:作者为什么要极力渲染赛龙场面的热烈气氛?描绘端阳节赛龙舟表现了一种什么精神?

【明确】作者极力渲染赛龙舟场面的热烈气氛,是为了展示你追我赶、勇于向前、毫不让步和妥协的划龙船精神,与后文写故土故人生活中的痼疾和污秽形成了对比,作者希望湘西人民用划龙舟的精神和热情,创造历史,改变历史。作者借写赛龙舟来表现传统的民族文化绵延已久的旺盛生命力,以及在当地人身上体现出的那种植根于湘西古老民族文化土壤上的朴素人性美,洋溢着勇敢、雄健、慷慨、诚实、热情的生命活力。

四、板书设计

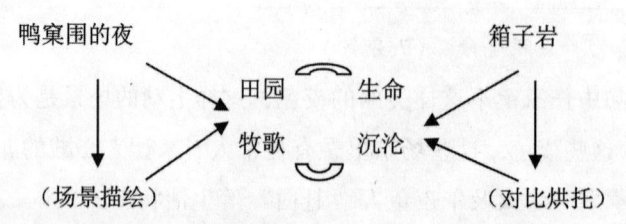

```
鸭窠围的夜                           箱子岩
    ↓           田园 ⎫ 生命            ↓
              ↗      ⎬      ↖
                牧歌 ⎭ 沉沦
(场景描绘)                        (对比烘托)
```

五、教师总结,作业留白。(2分钟)

风光长寂寞,作者对湘西人民历史与现实的叩问,也是对整个中华民族的叩问,那满溢胸间的是文本背后深藏着的民族忧患意识和种族存亡断续的危机意识。

生命总孤独，湘西大地那些孤独的生命是怎样走来的呢？读读《一个带水獭皮帽子的朋友》和《一个爱惜鼻子的朋友》，或许我们能找到原因！

【第二课时】

（作品：《一个带水獭皮帽子的朋友》和《一个爱惜鼻子的朋友》）

【研读过程】

一、导入（1分钟）

沈从文曾说："你们能欣赏我故事的清新，照例那背后蕴藏的热情却忽略了；你们能欣赏我文字的朴实，照例那作品背后的悲痛也忽略了。"沈先生的赤子情怀便是对生命的悲悯和对人生尊严的探索，两个朋友的故事可略窥一斑……

二、漫读"肖像"（5分钟）

学生针对"朋友"自画像，说说自画像的绘画来源（结合文章相关语句）。

三、赏读"形象"（25分钟）

（一）读"帽子"朋友

1. 找出帽子朋友的语言，选择一句赏析。

2. 你如何评价这个朋友？

【明确】主人公突出的特点是戴着一顶价值"48元的水獭皮帽子"，这是一个被认为是英雄亦是坏蛋的"梁子"出身的人物。这位朋友的语言——粗蛮却精妙丰富；野话妙趣百出，比喻丰富，永无穷尽；他就是湘西社会一本活生生的大字典；他粗鄙莽撞但却对字画"风雅"有加……语言背后，是这个"朋友"35年来的生存方式：年少善斗，30岁后谦和，读书不多，却善于用书，面对不同的人，性格也迥异。

（二）说"鼻子"朋友

1. 探讨："印瞎子"是个传奇的人物，"鼻子"贯穿文章首尾。围绕着"鼻子"，作者写了印瞎子哪几件事？

【明确】高度近视，将牛粪当球踢；相信鼻子带来的好运，参加革命；北伐失败后，吸食鸦片，苟且偷生。

2. 你如何评价这个朋友？

【明确】性格开朗，聪明好学，为人机敏；但理想殆尽后自暴自弃，失去方向一蹶不振。

（三）请你投票

1. 思考：帽子朋友"落雪天的大清早从热被窝里脱出赶来送我的行"和鼻子朋友"我住在故乡三天，果然不再同我见面"这样的对比中，你读出了什么？

【明确】读出帽子朋友的热情与义气，粗犷和人味，也看到军阀争斗现实里人性尊严的消失和无奈。

2. 投票：你喜欢哪位"朋友"做你的朋友？请写写你的投票理由。

【参考】帽子朋友。他乐观热情，重情重义，有担当，充满野味却也学识渊博，在社会政治的洪荒中积极应世，虽一度放纵，但也极有人情味。

鼻子朋友。在乱世中明哲保身即是一种生存的能耐。

四、联读"群像"（5分钟）

讨论交流：同为乱世失败的英雄，鲁迅笔下的"范爱农"与沈从文笔下的"印瞎子"有什么异同点？这两个形象分别体现作者怎样的情感？

【明确】

鲁迅笔下的范爱农为人孤傲但正直倔强，追求革命，不满黑暗。理想受挫后又遭迫害，终以醉酒落湖而死收场，但一生未改其志，虽消沉度日但爱国之情燃胸，表现的是作者对旧民主革命的失望和对爱国者的同情悼念。

沈从文笔下的印瞎子为人开朗聪明好学，但理想受挫后便一蹶不振，甚至自觉妥协于社会的泥淖，吸食鸦片投机而活。体现的是作者透过表层的血泪，体验对人生尊严的思考。

五、板书设计

```
"帽子"朋友                                    "鼻子"朋友
  生活      ─────→ （审视历史）←─────          生存
（生命沉浮）                                  （尊严沉沦）
```

六、教师总结（4分钟）

山水之间，生命流淌，探寻故土，探访故人，对人生多一份观瞻，多一份感慨。沈从文的小人物群像是写给这个历史的，用他独特的审美眼光和独到的悲悯情怀！

心中与笔下的世界

——《湘行散记》阅读交流课

【交流目标】

1. 以故事会的形式感受作品的写作特色。

2. 通过撰写"阅读寄语"感受作品的主题。

【交流重点】主题解读，解析写作手法。

【交流过程】

导入：欢迎来到《湘行散记》的故事主会场，在这场交流会中，我们将分手法、人物、主题三个会场带领大家领略沈从文笔下的湘西世界和心中的湘西情怀。

一、故事会场："笔下世界"（写作手法）

快速回答1：该作品以什么为线索？在写作手法上给你印象最深的是什么？

明确：以"我"的见闻和行动为叙写线索，将现实的人与事和地域文化背景资料穿插糅合成一体。

印象最深的有情景交融的诗意意境和小说化的细节描写。

讨论交流2：选择一篇文章为例解说作品的写作特色。

示例：《老伴》一文以回忆17年前的一段旅行历程及17年后再次路遇见闻为线索，总写自己对故土的深情回忆及又痛苦又快乐的矛盾心情。并介绍了泸溪的地理位置及一些风土人情，景物与场面描写构筑出一幅极富地域色彩，而且由再见老伴时的情景引发对生命无常的感慨与思索。

二、故事主场："故事中人"（群像赏析）

导入：再美的景如果不能展现人的精神生命力量都是一种虚设，在沈从文的笔下，美丽的湘西版图里生活了一群群故乡的人，请选择其中的一类人物联系作品说说他们的生命形式。

1. 学生故事交流。

示例：

农民形象。二十年来的内战，他们的性格灵魂被大力所压，失去了原来的质朴、勤俭、和平和正直，受横征暴敛以及鸦片烟的毒害，变成了如何穷困与懒惰！

妓女形象。她们的生活同一般社会疏远，眼泪与欢乐在爱憎得失间揉进了这些人的生活里时，也便同另外一片土地另外一些年轻生命相似，全身心为那点爱憎所浸透，见寒作热，忘了一切。这些人既重义轻利，又能守信自约，即便是娼妓，也常常较之讲道德知羞耻的城市中人更可信任。

2. 结合作品分析水手/纤夫/士兵形象

引导分析身上"善"的一面与"恶"的原因，如老水手的狡猾、三个水手的麻木、小豹子的好斗、矿工的"英雄"行为等。

三、故事终场："心中呐喊"（主题分析）

1. 八面来风。

> 沈从文作品浸透伤感的倾诉背后，正是湘西土著民族不为人理解的千年孤独。
>
> ——华东师范大学教授 凌 宇
>
> 沈从文笔下的湘西世界，包含有对人的生活形态有别于现代文明的那种健全、协调，外化境界的重新发现。描述了湘西人被排除在正统的历史之外，几千年过着原始的生活。
>
> ——北京大学教授 钱理群
>
> 生命似异实同，结束于无可奈何情形中。
>
> ——作家 沈从文

这些声音都带着对作品主题的理解和思考，请结合具体人物谈谈你的理解！

2. 学生交流。

教师评价引导（具体参见"《湘行散记》存档纪要"内容）。

四、生命寄语

任选一部作品，写一则"生命寄语"，表达你对生命的思考或启发。

西游记

——吴承恩

一、作品介绍

【内容简介】

《西游记》是我国古代长篇章回体小说,也是中国古典文学中最富有想象力的作品之一,鲁迅先生称之为"神魔小说",林庚先生称之为"童心之作"。这部作品有着历史真实的影子,即唐贞观年间唐玄奘西域取经事件。该事件经民间文艺不断演绎,成为以后小说的素材来源。据考证,作者是明代小说家吴承恩。现在的一百回本《西游记》是根据明万历年间的金陵世德堂版本整理加工而成的。

《西游记》全书基本上由两大部分组成。前七回从石猴出世到大闹天宫,写的是五百年前孙悟空的故事。第八回开始写五百年后西天取经的故事,其中第八至十二回写唐僧取经的缘由;第十三回到小说结尾讲述唐僧师徒取经路上斗妖降魔,历经九九八十一难,最后取得真经、修成正果的故事。

【创作背景】

贞观元年,玄奘从长安出发徒步前往天竺游学,跋涉十九年,带回佛经657部。他的弟子辩机将其见闻经历辑录成《大唐西域记》。后来另两位弟子慧立、彦琮提写《大唐大慈恩寺-藏法师传》,为玄奘的经历增添了许多神话色彩。自此,唐僧取经的故事开始广为流传。直到明朝,名为吴承恩的长兴县丞因见不惯官场的尔虞我诈、奸邪谄媚,愤然弃职,隐居家中,心灵的灯,在寂静中慢慢显现。他开始更加清醒地、深层次的思考社会与人生的问题,潜心收集民间传说和野史资料,最终写就了闻名中外的《西游记》。

半生匍匐,形如虫蚁。《西游记》写成后,吴承恩在悲喜交加中,于万历十年离开了人世。

二、实施要求

《西游记》是学生初中阶段接触的第一部古典章回体小说,作品用语近文言,篇幅又长，主题深刻，学生不易理解，渴想有"速读""解读"等终南捷径，囫囵吞枣地浅阅读成为学生自主阅读中的普遍现象。因此，在指导学生阅读本书的过程中，老师们需要关注以下几点：

一要继续贯彻"消除与经典的隔膜"这一主题。不仅要注意链接学生真实生活，关联学生的兴趣点，突破学生与经典隔膜的心理，更要注意对学生消除隔膜的具体方法的指导，抓住精读和跳读两个关键点，推动学生尝试着达成由浅阅读到深阅读、由感官刺激型阅读到能力挑战型阅读的转变。

二要分解阅读进度，规划阅读规程，引导学生初步掌握阅读长篇章回体小说的方法。老师们需要从起始学期来规划《西游记》整本书阅读，综合考量中学生心理发展规律和学习时间分配的现实需求等，将教学的着眼点更多地放在学生阅读的基本习惯、基本方法和基本态度的养成上，带领学生规划好自己的阅读时间，建构大阅读的习惯。

三要注意提供适度的任务引领，提升学生的思维品质。强调激活学生自主阅读的动机和兴致，不代表放弃教学的适度干预和课程的合理组织。教科书在《西游记》专题探究中设计了"创作新故事"任务，这要求学生基于对文章的结构、悬念的设置、人物的性格有综合的评估，发挥联想和想象进行再创作。这个梳理的背后，既有整体思维的关照，又有逻辑思维的启迪，教师要做适度的引领，把学习引向深入。

三、导读攻略

以项目式学习的方式，通过设置情境，完成任务群来展开阅读，关注"精读与跳读"等方法在激趣和迁移运用中的重要价值，注重勾连单元，加强对"联想和想象"概念的深度理解，深化前单元所学"学会记事、写人抓住特点"等基本写作技法的学习，用创意融通读写，实现读写共生。阅读安排建议如下：

时间安排		任务
自主阅读	阶段一	紧扣章回体小说特点，学习阅读方法，借回目预测故事情节，制定阅读计划。
		阅读1—7回 梳理孙悟空神力的来源，画思维导图。
		阅读8—12回 梳理唐僧取经坚定信念的来源，画思维导图。
	阶段二	读13—22回 梳理取经人的前世今身，制作妖怪卡（包括：居住地、使用兵器、来历、外貌特征、性格特点、出现意图、结局、出现的章回等内容，加上配图）。
	阶段三	阅读23—100回 围绕重要回目和精彩情节，绘制取经路线图。

续表

时间安排		任务
师生研讨	项目一	组织学生围绕"重复"这一关键词，简要梳理并复述西游故事后，组织班级圆桌讨论会，讨论：西游记中的"重复"是一种艺术，还是一种"尴尬"？引导学生认识西游记"重而不复"的艺术价值，借此指导写作的"一波三折"。
	项目二	开展西游辩论会，创设"白骨娘娘打官司"这一场景，引导学生认识"神魔世界背后的世态人情"，并借此指导写作的"目的意识"。
	项目三	引导学生发挥联想和想象，叙写西游记一"难"。
总结复盘		制作《西游记》阅读指南，复盘阅读方法，梳理学习过程中的所思所得。

识图寻踪　透物见人

——《西游记》导读课

【设计思路】

小学阶段，学生对《西游记》的故事内容虽有了解，但原著"大部头"的篇章和生涩的文言语句，还是会让学生产生一定的畏难情绪。为解决这一难题，教材要求我们指导学生掌握"精读和跳读"的阅读方法，帮助学生养成有目的、有重点地阅读的习惯。由此，本节课指导学生设计《西游记》"活点地图"，让学生在猜读中，获得探索西游世界的欲望，把握探索《西游记》的方法。

核心知识点："精读和跳读"阅读方法；"猜读"的阅读方法。

【导读目标】

1. 能够根据目录，理清主要人物和事件，把握整本书的主要内容。

2. 综合运用"猜读"、"精读和跳读"等阅读策略，选择一个自己感兴趣的主题探索《西游记》，激活阅读欲望，并制定阅读计划。

【导学过程】

【任务一】

小瓯在阅读《西游记》的时候，感觉篇幅太长，涉及的人物众多，读起来太乱。如果他能拥有一张西行活点地图，那么读起来就不会那么困难。你能不能帮助他制作这张"活点地图"，解决难题呢？

活点地图示例：

> 《哈利·波特》中的一幅魔法地图，当使用者说出咒语，墨线就会开始延伸，浮现出一张霍格沃茨的地图。地图上有霍格沃茨里每个人所在的位置，并指示打开秘密通道的方法等关键信息。

猜想：《西游记》"活点地图"里应该有什么？

提示：西游的具体路线，重要人物集合处，重要的战斗的地方，也可以设计"体验者"专用地图……

【任务二】

篇幅那么长的一本书，你会不会觉得很难啃，没有心情帮助小瓯解决困难呢？不要担心，老师可以来帮帮你。呈现《西游记》目录，请学生思考从目录中可以获得什么信息？

提示：

1. 观察回目的特点：形式上前后字数相等，基本对仗；内容上概况了本回目的主要内容。

2. 找找回目中的地名，你对《西游记》这一"路"又有什么样的感受？

3. 找找回目当中的主角名称，请给他们归归类，找一找师徒四人不同的称谓，你发现师徒四人称谓出现的次数、回目有什么区别？你能不能就此为《西游记》划分一下层次？不同的称谓背后，还隐藏着什么信息呢？这些信息对你设计"体验者"地图有什么帮助？

4. 找找回目当中的妖精名，你能够从这些与妖精相关的回目名中读出什么？谁是重要的妖精？谁是厉害的妖精？如果要给妖精们设计一张"活点地图"，你认为他们的活点地图里应该要有些什么？

总结：同学们，此时此刻你在使用的策略就是跳读，跳读，也即不依次序，跳跃章节读书的读书方法。使用跳读策略跳读目录，既省时又高效，有利于把注意力集中在问题的核心上，能很快把握作品主线，获得对作品及其每节、每框、每个问题的总体认识，从而提高学习的效率。

但是，光有跳读策略是不够的。《西游记》当中有很多精华的部分需要我们细细品味，这就需要我们使用精读的阅读策略。精读，是以掌握阅读方法、发展阅读能力、理解文章内容、积累知识为目的的读书方法；跳读目录选定的目标后，你可以针对这一目标，选择对应的回目进行针对性的精读。

我的精读计划		
我想要设计一张活点地图，它是为（　　）服务的，我希望大家能够从我的活点地图中明白……		
为此，我需要精读……回目，我的阅读计划是……		
阅读回目	阅读时间	完成情况
……	……	……

【任务三】

1. 初步制定"活点地图"。学生以小组为单位，设计地图，按照下表中的要求，尝试以报告的形式，解说西行地图设计和西行地图制作过程。

我的活点地图解说报告：	配图：
＊我想要设计为（　　）服务的活点地图。 ＊我的这张活点地图里有什么要素。 ＊我对要素的设计有什么不同，我突出了什么，我为什么要突出这一要素。 ＊我阅读了（　　），对我原来的猜想做出了（　　）的处理。	

2. 尝试制作"活点地图"评价量表，以备后用。

白骨上访诉冤情，大圣归来辩真章

——《西游记》研读课（一）

【设计思路】

"热爱生活，热爱写作"是七年级上册第一单元写作任务，也是初中语文学习的基础点，然而，这一写作任务的具体支架模糊不清，难以提供教师和学生以具体的指引。为充分调动学生的学习兴趣，避免习作跌入华而不实的泥淖中，本课创设"白骨娘娘打官司"这一情境，引导学生在换位、同理的基础上，深度关联《西游记》，在交际语境的体验中融合读写，一方面感悟西游记的主旨内涵，另一方面培养写作的目的意识、情境意识和对象意识，让学生真正做语文学习的主人。

核心知识点：写作要有目的意识、对象意识和情境意识

【研读目标】

1. 通过"白骨娘娘打官司"这一情境，梳理西游记妖怪的不同出身不同经历，感

受神魔世界背后的世态人情,透视吴承恩创作的目的所在。

2. 在协助白骨娘娘处理诉讼事务的过程中,根据所扮演的不同角色的需要撰写文稿,理解写作要有目的意识、对象意识和情境意识。

【研读过程】

【任务一】

近日,白骨夫人一纸状书将《西游记》作者吴承恩告上法庭,指控吴承恩指使孙悟空一棍子打死自己。请你阅读第27回,了解事情始末,并替白骨夫人写诉状。

诉　状

被告吴承恩行事不公,指使孙悟空恣意行凶,在《西游记》第27回中,(请写明案由)_____,原告白骨夫人千年修为一夜之间悉数散尽,被告的行为与原告的死亡结果之间具有直接的因果关系,故于情于理于法,被告都需要承担本案的全部法律责任,特向法院提起上诉,请求依法支持原告的全部诉讼请求。

白骨
×年×月×日

提示:可以采用"主语+起因+经过+结果"的方式写明案由,要求简洁明了,准确无误概括出白骨夫人受害始末。

思考:这是白骨夫人的诉状,除了阐明事件始末,你认为还需要关注哪些细节?

参考:1. 从对白骨夫人有利的角度进行叙述;2. 如果能用一些法律术语会更好。

示例:我本为冤死的女尸,化为白骨受日月精华,成尸魔,本就够可怜的,只是想长生不老,嘴贪了点儿,想吃几口唐僧肉罢了。绞尽脑汁,却未曾吃上一口,三次都被孙悟空识破,被他乱棒打死,死状凄惨,太不公了!

【任务二】

【被告陈述】

孙悟空:你要吃我师父的肉,我难道不该打死你!像你这等恶妖,我打死了好多个呢,请看我的证据。

要求:帮助孙悟空找出相关证据。

示例:羊力大仙原身为羊,他和虎力、鹿力二大仙帮助车迟国解脱旱魃,国王大喜,尊为国师,至此全国独尊道教,把众佛教徒驱服道家苦役。他与孙行者赌赤身下油锅时,为使热油冷却,在水中放入冷龙,被孙行者识破,行者找来北海龙王破了冷龙,最终羊力大仙被油锅煎熟现形而死。

【原告辩驳】

白骨夫人:同样是想吃唐僧肉,为什么我被打死,有人却好好的呢?

要求：请帮助白骨夫人找出相关情节加以印证。

示例：银角大王是太上老君的看炉童子，他趁太上老君离开天庭时偷走太上老君的法宝下界为妖，用法宝呼风唤雨，和金角大王占领一方土地，后被太上老君带回天庭。

【任务三】

案情错综复杂，但身为法官的你，需要揭开层层迷雾，探索案情真相，请你从出身和结局对比被告和原告证据中的妖怪的异同点，小组讨论，说说你们的发现，并探究事情发生的真正原因。

示例：死在孙悟空棒下的都是没有后台的野怪，而那些靠神灵的法宝下界残害百姓，无人过问，而一旦孙悟空一声棒喝，要为民除害之际，这些妖魔的主人们神奇地现身庇护，解救自己的侍从，这种盘根错节仗势欺人却无人能撼动的神魔，正是对腐朽的封建时代上下勾结、欺压人民的社会现实的真实写照。

还有的一些妖怪（比如黄风怪、红孩儿），因为有超强的能力，佛界有意收入门下的也得以逃之升天，甚至立地成佛，反映了佛教东扩下广纳人才的现实处境。

【任务四】

案件涉事各方及其法律责任引起网民热议，细心的网友在网络上对这类事件进行辣点评，全方位解读新闻，多角度洞察事实真相。《西游记》的作者吴承恩也贴出了自己的血泪史。阅读材料，结合你的阅读体验，说一说西行路上的"人情俗事"引起了你怎样的思考。你从中获得了什么样的启示？总结了什么经验和教训？请你也跟帖发表你的评论。

> 【链接材料】
>
> 一直很穷的吴承恩：
>
> 　　我出身于一个由书香门第败落下来的小商人家庭，自幼敏而多慧，博览群书。专心科举进身，但屡遭挫折，四十多岁才补了个岁贡生，当了长兴县丞。素看不惯官场的奸邪诡媚、尔虞我诈和他们对百姓的横征暴敛，只干了两年就待不住了！决定隐居不干了！在家里读了些话本小说，决心用笔来和这个荒唐的世界做对抗，就写了这本书。

【任务五】

话说唐僧师徒取经走后，这些未能根除、被各路神仙暂时收走的、曾经尝到占山为王甜头的妖魔们会不会出现反复？长达百回的《西游记》，只是完成了一个逗号，却留下了一个巨大的问号。请你畅想一下，这些妖精肉身有处得以安放，他们的灵魂又该在哪处皈依？他们能否锁住自己的心魔？人间能否长久太平？设想一个你想要表达的目的，撰写《西游后传》，表达你的所思所感。

【任务六】
评估思考

召开《西游后传》发布会，将你的文章匿名展出，随机安排同学点评你的文章，填写以下评价卡片：

作者栏
我认为，这些妖怪（　　　）（目的），为了表达这一目的，我设置了（　　　）（情节），我是通过（　　　）（措施），让读者在感受我的表达中体现这一目的。
读者栏
这篇文章写了（　　　）（复述事件），我猜测作者想要通过这一事件告诉我们（　　　）（目的），我认为他达成目的的效果（　　　）（表达你的评价）。
我的修改方案
你的小伙伴给你提了宝贵的建议，你觉得他的理解正确吗？文章不厌百回改，请你再次修改你的《西游后传》，向班刊投稿吧。

妙用"重复"叙事，打造"跌宕"人生
——《西游记》研读课（二）

【设计思路】

学生对《西游记》的阅读记忆仅停留于情节的推进，对文本语言的锤炼和作品的思辨显然不够。而且，作为起始学期阅读的第二部名著，它关联着"学写故事"、"写人要突出特点"、"发挥联想与想象"三个单元的写作要素。为此，为推动学生达成由浅阅读到深阅读、由感官刺激型阅读到能力挑战型阅读的转变，以整本书阅读反哺写作能力，本课立足学生阅读《西游记》时"情节反复出现"的感受，开展组织主题为"西游记中的'重复'是一种艺术，还是一种'尴尬'？"的班级圆桌讨论会，引导学生思辨西游记"重而不复"的艺术价值，并由此领悟"一波三折"的写作方法。

核心知识点："重复"叙述策略；

【研读目标】

1. 围绕"重复"这一关键词，引导学生聚焦《西游记》中情节的重复、对话的重复，感受古典章回体小说的特色。

2. 能够在分析时发现"重复"中的变化，感受《西游记》中角色的成长之旅。

3. 能够理解《西游记》"重而不复、一波三折"的写作特点，并迁移运用到自己的故事记事中。

【研读过程】

【任务一】

学生通读《西游记》，绘制取经路线图，并借助路线图，复述心目中"最精彩"、"记忆最深刻"的情节。

教师关注学生是否使用复述工具达成复述目标，记录情节复述的频次，引导学生思考：这些情节都有什么样的特点？

【任务二】

学生小组合作，选择其中一处"重复"的章节进行精读，利用表格对比和思考其中的不同点，并尝试着借助多媒体手段，以"观点播报"的形式，展示自己小组的观点。

示例：孙悟空三别三藏

	第一次	第二次	第三次
离开的原因	孙悟空刚拜唐僧为师的时候，因为他杀了六个强盗，唐僧不满，责怪于他。	三打白骨精，孙悟空打死了白骨精，唐僧却受猪八戒的撺掇，认为悟空害的是好人，将悟空逐走。	"真假美猴王"那一回，孙悟空打死了几个强盗，被唐僧逐走。
孙悟空的态度	悟空一气之下离开唐僧，前往东海龙宫。后来被东海龙王劝回去。	那大圣见长老三番两复，不肯转意回心，没奈何才去。宝象国唐僧遇难，猪八戒去找孙悟空过来救师傅，孙悟空去东海洗了洗"妖精气"后再次返回。	悟空感到委屈，寻求观音菩萨帮助。后遇"真假美猴王"一事，在如来的劝说下继续保唐僧西天取经。
唐僧的态度	唐僧给悟空戴上了紧箍咒。	唐僧知道误会了悟空，要悟空留下来。	师徒再也没有分开

请学生自主撰写探究报告，回答：这些情节真的是重复的吗？他的重复中有没有变化？这些变化说明了什么？由此，你认为，西游记中的"重复"是一种艺术，还是一种"尴尬"？

【任务三】

教师引导学生认识借助"重复"的叙述策略，在"重复"中凸显变化，可以达到文章有波澜，叙事有起伏的效果。尝试让学生再次梳理"重复"情节，这一次的梳理要将三次重复情节作为一个整体进行叙述。

为了_____（目的），（　　　）采取_____（行为），然而_____（困难），最终_____（结果）。

示例：

为了解决唐僧西行路中的种种麻烦，孙悟空先后杀死了妄图抢劫的强盗、妄图杀生的白骨精，无恶不作的强盗，然而唐僧不理解，二人产生矛盾，经过多人劝说，师徒二人最终和好。

引导学生归纳：

复述故事和我们的故事写作一样，真正有活力吸引人的，一般都要叙述主人公在实现愿望的过程中遇到的困难与障碍，那些感人的情节，就是在他们为了实现愿望克服障碍和困难的过程中表现出来的，我们的复述和写作要突出这些内容才能打动读者和观众。

引导学生利用上述句式，以口述的形式为西游记"续写一难"。

【任务四】

呈现学生口述故事的成果，并对他们逐一解构：

愿望	障碍	结果
……	……	……

引导学生自主评估：

你觉得这些愿望合适吗？探讨合适的"愿望"标准。

示例：

我们的想象要始终指向生活的需要，即我们要思考这个故事想要告诉我们什么，如：孙悟空三打白骨精，可能启发于生活当中一些被表面现象、虚情假意、伪善的一面所蒙骗的事例，三借芭蕉扇可能启发于天气的酷热等等。

不能脱离生活现实基础，在平时要注意观察生活、发现新的事物。想象是双脚站在大地上行进，他的脑袋却在腾云驾雾。要充分地认识和理解生活，有创新的思想和意识。

你觉得这些"障碍"合适吗？你觉得其中哪个是好的障碍设置，它给了你什么启示？

示例：

（1）制造意外要符合生活实际，在此之上多次迭生，有种不能让事件顺利完成的思维意识。

（2）制造意外要根据文章主题和情感的需要而定，不能为曲折而不讲主次详略，不顾主题。

（3）多角度的意外迭生，如外来环境、外来人、外来事物、自身因素等。

小组交流，形成"续写一难"的评价量表，并选择组内你认为最好的一个故事，齐心协力交流修改与补充后，完成"一难"的写作。

【任务五】

完成自己的学习评价量表，并制作《西游记》阅读指南，复盘阅读的方法，梳理学习过程中的所思所得。

作品评价		
角度	标准	完成情况
愿望	愿望要始终指向生活的需要	很好 [　] 还不错 [　] 有待提升 [　]
	愿望没有脱离生活实际	很好 [　] 还不错 [　] 有待提升 [　]
	愿望设计具有创新性	很好 [　] 还不错 [　] 有待提升 [　]
障碍	制造意外要符合生活实际，在此之上多次迭生	很好 [　] 还不错 [　] 有待提升 [　]
	制造意外要根据文章主题和情感的需要而定，不能为曲折而不讲主次详略，不顾主题	很好 [　] 还不错 [　] 有待提升 [　]
	多角度的意外迭生，如外来环境、外来人、外来事物、自身因素等	很好 [　] 还不错 [　] 有待提升 [　]
行文	尊重西游记原著的人物形象	很好 [　] 还不错 [　] 有待提升 [　]
	语言形象生动，给人以画面感	很好 [　] 还不错 [　] 有待提升 [　]
参与度评价		
自我评价	作品质量	很好 [　] 还不错 [　] 有待提升 [　]
	完成的积极性	很好 [　] 还不错 [　] 有待提升 [　]
	小组合作参与度	很好 [　] 还不错 [　] 有待提升 [　]
小组评价	作品质量	很好 [　] 还不错 [　] 有待提升 [　]
	完成的积极性	很好 [　] 还不错 [　] 有待提升 [　]
	小组合作参与度	很好 [　] 还不错 [　] 有待提升 [　]
	小组成员评语：	
学习总结（不少于500字）：可以谈谈你对《西游记》"重复"策略的认识，可以谈谈它在指导你写作策略上的帮助，也可以谈谈在学习过程中发生的趣事和你的困惑，也可以谈谈这次学习给你的学习和生活带来的启示……		

分享西行"干货",为来者建"灯塔"

——《西游记》阅读交流课

【交流目标】

1. 通过"活点地图"的分享,进一步理清《西游记》的人物形象特点和文化意义,感悟背后的主旨。

2. 学会举一反三,学以致用,融读于写。

【任务一】

阅读新发现:

通过前面几节课的学习,再回顾之前的"活点地图"和评价量表,大家是不是觉得需要修改的地方有不少呢?

学生以小组为单位,完善"活点地图"和评价量表,准备班上交流。

要求:

1. 讲解时,借助多媒体手段,既要提到自己在阅读前的猜想,又要突出自己阅读后的进一步理解。

2. 听的小组使用评价量表对该组的设计发表评价,评价内容除了给出对应的星级之外,要求提出至少一条具体的修改意见。

预设:

"活点地图"评价量表

	评价指标	评价星级
内容	阅读"我的活点地图",特定的读者能够领悟设计的意图。	☆☆☆☆☆
	"我的活点地图"设计符合《西游记》所要反应的主题思想、内容情节等要素。	☆☆☆☆☆
构图	构图要素齐全,包括地图的标题、图标示例、必要的注释说明等,能让人一眼看明白。	☆☆☆☆☆
	版面设计美观简洁,书写清晰工整。	☆☆☆☆☆
解说	语言通俗易懂,简洁明了,贴近听众,能够有效突出所设计的活点地图的特色。	☆☆☆☆☆
	表述逻辑清晰,语言流畅,声情并茂。	☆☆☆☆☆
	举止从容,不扭捏,精神状态饱满。	☆☆☆☆☆

示例：

我在阅读《西游记》目录的时候，我发现"三藏"出现的回合多半都是遇到妖魔，而且都喜欢用"戏"、"阻"、"捉"等词，我猜想唐三藏是一个非常懦弱的人。

精读唐僧出现的片段，我发现唐僧总是爱"哭"，他并不是无所不能的大英雄，也不是无欲无求的大圣人，在他的血肉之躯内包含着凡夫俗子最普遍最平凡的性格缺陷和情感需要。但是这样一个人却能够成为师徒四人的"队长"，我们感到很诧异，于是我们就继续读下去，我们发现，唐三藏他是一位高尚的儒僧：自幼受戒，佛法精深，严守佛法戒律的规范，专心虔诚，慈悲为怀，他的很多"哭"不是为了自己，更多的是认为孙悟空急躁伤人，急哭了的。

我们小组还发现，唐三藏在身上凡人的俗性尚未除净的时候，会表现出凡人的本性中世俗和软弱的一面，当他经历九九八十一难，成就真佛时的那种笃定和平和，正是他这一路修行的意义。

所以我们认为，没有全然的好人，也没有全然的坏人，在困难当中，找到自己生活的价值，笃志力行，不断地丰满自己的羽翼，让自己强大起来，方得脱胎换骨。

【任务二】

阅读有感悟：

1. 叩问自我：反观大家的"活点地图"设计，哪些内容是我们反复提及的？我们的猜想由何而来？我们验证自己猜想的过程，又有了什么样的启发？

小组交流，由小组长记录整理，为下个环节做准备。

2. 助力他人：根据上面记录，小组合作，尝试撰写一个"名著阅读指南"，为其他想要读《西游记》的人，提供切实可行的指导意见。

示例：

西游记人物探微指南

在文学作品中，每一个人物都应该是有血有肉，会哭会笑的独立的个体，有着自己的鲜明的个性。解读人物，要抓住他的核心特点。比如："　　　　"。然后围绕人物印象的关键词，检索文本相关内容，并分类归因，以达成对人物全方位、多角度的认识，并用发展的观念看人。

在文学作品中，作者主要是通过塑造人物，给我们以启迪，我们要警惕人物身上的不足，也要看到人物的优点，抛开自己的偏见，看到更完整的人，进一步省视自我，让自己在阅读的过程中不断成长。

【任务三】

阅读留痕迹：

边界　选择
　融合
……　角度

　　本次名著交流课结束了，应班主任要求设计我们班的文学角。小语作为课代表，决定选用《小冰块的生活》作为配图，现在还需要几篇与图片适配的文章，请你动笔参与。

　　[写作提示]

　　你可以借助上述阅读指南，阅读教材推荐的课后自主阅读作品《镜花缘》、《猎人笔记》，给大家拟写一份"我的猜读笔记"；

　　也可以以"我的西行路"为主题，尝试写一些参与《西游记》体验版活点地图设计后，你的个人感悟；

　　……

猎人笔记

——【俄】屠格涅夫

一、作品介绍

《猎人笔记》是屠格涅夫的代表作之一,自 1852 年完成出版后,便给作者带来了极高的声誉。全书以"猎人"行猎漫游的所见所闻为线索,串起 25 篇各自独立的小说,这些小说广泛而真实地展现了 19 世纪 30 年代俄国外省城乡的社会生活,语言简洁优美,人物性格典型。它以高超的艺术技巧,刻画了两个对立阶级的艺术形象,即"农民"和"地主"。对苦难深重的农民,作者怀着真诚的同情,对他们的命运充满了深切的关注;对那些伪善的地主和蛮横的农奴主,作者则怀着强烈的鄙视和厌恶情感。除此之外,《猎人笔记》中还描绘了工人、学生、县城医生、小地主、破落贵族等许许多多的人物形象。在此,屠格涅夫将农奴制置于一切美好品质的对立面,从而深刻揭露了这一制度对人性的践踏。

《猎人笔记》被公认是一部"异常优美"的作品,它最具价值的意义,除了对人物形象的刻画以及对农奴制的谴责外,还在于其精彩的景色描写。一幅幅精致优美的画面使作品增添了诗意,人们把《猎人笔记》中的许多章节誉为散文诗,是不无根据的。大量描绘景物的笔墨,熠熠生辉,明丽动人,既烘托了人物的内心世界,也表现出作者对俄罗斯民族与自然的热爱,为这部著名的笔记体小说增添了不少光彩。

二、实施要求

鉴于名著具体内容与相关学情,教学时可紧紧抓住"地主""农民""自然"三个关键词,以屠格涅夫的"医生""雕像家""画家"三重身份展开教学。

(一)紧扣关键词,展开具体教学

1. 地主

教学时,第一个关键词为"地主"。在把握"地主"这一关键词的过程中,我们可结合当时的时代背景以及作者的亲身经历,引导学生关注到地主、管家与农民之间的尖锐对立，体会贵族地主的野蛮和凶残，进而探究小说反农奴制的主题。

2. 农民

屠格涅夫笔下的"农民"，是教学的第二个关键词。我们在名著研读课中，便可以《霍里和卡里内奇》这篇文章为例，引导学生对这两个农民形象的赏析与思考，进而纵观全书，构建屠格涅夫笔下的人物群像。

3. 自然

第三个关键词是"自然"，其主要目的是通过对"自然"描写的交流，引导学生将"农民""地主""自然"这三个关键词有机地结合在一起，进一步思考小说的主题。

（二）指导精读和跳读两种读书方法

《猎人笔记》出现于人教版七年级上册教材第六单元中，为自主阅读推荐部分。这一单元主要要求学习快速阅读，力争每分钟不少于400字。要求学生能尽量扩大一次性进入视野的文字数量，寻找关键词语以带动整体阅读，提高阅读速度。因而，"精读"和"跳读"是必须学习并初步掌握的读书方法。

1. 跳读——筛选内容，提高速度

跳读，是主动地舍弃、有意地忽略，以求更高的效率。可指导学生在阅读过程中，跳过与阅读目的无关或自己不感兴趣的内容，也可以跳过某些不甚精彩的章节，比如《猎人笔记》部分章节中对某些相类似环境的重复描述，某些农民的类似经历或语言行为等，忽略这些较为"无趣"的内容，从而提高阅读的效率。

2. 精读——细品语言体悟主旨

精读，是指向细腻的感受、透彻的理解和广泛的联想。在阅读过程中，要求学生能以具体章节、具体段落甚至是精彩字词为对象，对其进行细读，了解前因后果；在此基础上可以小组合作的形式进行精思，探讨文字背后的含义；进而能对语言文字进行鉴赏，做到精读小说，细品语言，体悟主旨。

（三）巧设具体情境，激发学习兴趣

屠格涅夫不仅仅是一位伟大的作家，更是一位优秀的画家。我们可以引导学生扮演屠格涅夫的不同身份，巧设具体情境，激发学生的学习兴趣。

1. "医生"：为时代诊脉

在时代背景的基础上，引出屠格涅夫"医生"的身份，将《猎人笔记》喻为他为那个时代开出的一册"诊断书"，设置浅视"诊断书"、环视"诊断书"、细视"诊断书"和审视"诊断书"等具体环节，引导学生对文本内容进行学习。

2."雕像家":为人物造像

我们可引导学生扮演的第二个角色便是"雕像家",激发学生探究作品中的人物特点,教学可从为具体人物造像开始(以《霍里和卡里内奇》为例),进而探究作品中对人物群像的塑造。

3."画家":为自然写魂

第三个身份为"画家",主要引导学生欣赏作品中精彩的景物描写。可设置的具体情境便是"还原"作者笔下的自然。第一环节为"为自然绘画",学生参考书中对自然的描述进行绘画,并说明原因,重点落在语言赏析上;第二环节为"为自然写魂",在自然中加入"人物",再次回顾小说主题,将三个关键词结合在一起。

三、导读攻略

【阅读安排】

《猎人笔记》名著阅读课预计每周一节(每周五上一节),共三节,所需时间为21天左右,按照课程的进度与要求,具体安排可参见下表:

阅读时间安排		阅读进度	阅读任务
第1周次	周一	前言、目录	了解小说写作背景、大致内容及脉络
	周二	《叶尔莫莱和磨坊主妇》《我的邻居拉季洛夫》	总结"地主"这一人物形象,并用几个关键词概括
	周三	《独院小地主奥夫夏尼科夫》《总管》	
	周四	《事务所》《两地主》	
	周五	《切尔托普哈诺夫和涅多皮尤斯金》《切尔托普哈诺夫的结局》	思考:作者笔下的"地主"有哪些不同形象
	周六	果戈理《死魂灵》阅读	主题阅读:对比"地主"形象的区别
	周日	果戈理《死魂灵》阅读	
第2周次	周一	《霍尔和卡利内奇》	赏析"农民"这一人物群像,并用几个关键词概括其总体特征
	周二	《美人梅奇河的卡西扬》《约会》	
	周三	《孤狼》《死》	
	周四	《歌手》《活尸》	
	周五	格里戈罗维奇的《苦命人》托尔斯泰的《一个地主的早晨》	主题阅读:对比三者描绘的"农民"形象
	周六		
	周日		

续表

阅读时间安排		阅读进度	阅读任务
第3周次	周一	《利哥夫》	摘录你最喜欢的自然描写语句,并为其配一幅画
	周二	《白净草原》	
	周三	《树林和草原》	
	周四	《车轮响子》	
	周五	其余章节阅读	为《猎人笔记》写一份书评并发布在豆瓣书评上进行共享与相互评论
	周六		
	周日		

【阅读指导】

《猎人笔记》出现于人教版七年级上册教材第六单元中,为自主阅读推荐部分。这一单元主要要求学习快速阅读,力争每分钟不少于400字。要求学生能尽量扩大一次性进入视野的文字数量,寻找关键词语以带动整体阅读,提高阅读速度。因而,"精读"和"跳读"是其必须学习并初步掌握的读书方法。

在该方法的基础上,围绕"农民""地主""环境"三个关键词,对《猎人笔记》的教学主要可分为以下三个阶段:

(一)第一阶段

1. 目标:探究"地主"形象,把握人物关系,思考小说主题。

2. 方法:精读与跳读相结合,梳理内容,赏析形象。

3. 相关任务:了解小说写作背景、大致内容及脉络;以"地主"为关键点,对小说相关章节进行探究。

4. 拓展任务:阅读《猎人笔记》和果戈理的《死魂灵》,对比两书中的地主形象有何异同。

(二)第二阶段

1. 目标:以霍里和卡里内奇为例,探究"农民"群像。

2. 方法:精读为主,联读人物形象,体会作者情感。

3. 相关任务:

(1)阅读《霍里和卡里内奇》,思考:屠格涅夫从哪些角度对这两位农民进行"雕像"?请选择自己喜欢的方式进行阐述。(如列表格、画树状图、画思维导图等)

(2)总结"农民"这一人物群像的总体特征。

4. 拓展任务:主题阅读:阅读格里戈罗维奇的《苦命人》和托尔斯泰的《一个地

主的早晨》中，说说其中的农民与《猎人笔记》中的农民有何异同。

(三) 第三阶段

1. 目标：赏析环境描写，体会作者情感。

2. 方法：精读为主，赏析景物描写，探究写作手法。

3. 相关任务：

(1) 摘录你最喜欢的自然描写语句，为其配一幅景物画并解说。

(2) 如果要为你的"画作"添上一个人物，你会选谁？为什么？

4. 拓展任务

(1) 举行以"为自然写魂"的绘画评比，设置评委小组，撰写颁奖词。

(2) 举办"为自然写魂"的绘画展，并拟写邀请函，邀请老师及其他同学参与。

为时代诊脉

——《猎人笔记》导读课

【导读目标】

1. 能结合小说目录，以关键词为着眼点，梳理小说主体内容。
2. 能运用精读与跳读相结合的方法，赏析书中主要的"地主"形象。
3. 能通过"地主"与"农民"的矛盾关系，把握小说的主题。

【导读重点】

能运用精读与跳读相结合的方法，赏析书中主要的"地主"形象。

【导读难点】

能通过"地主"与"农民"的矛盾关系，把握小说的主题。

【导读过程】

一、激趣导入，浅视"诊断书"

同学们，这节课让我们一起来学习屠格涅夫的《猎人笔记》。有人说，屠格涅夫是一位优秀的"医生"，"为时代诊脉"，《猎人笔记》便是他为那个时代做出的一册"诊断书"。今天，就让我们一起来看看他开出的这一册"诊断书"是怎样的。

二、整体感知，环视"诊断书"

拿到这册时代的"诊断书"，我们首先要学会如何看。第六单元我们主要学习快速阅读的方法。阅读时，我们要尽量扩大一次性进入视野的文字数量，如何寻找关键词语以带动整体阅读，提高阅读速度。

1. 看这册"诊断书"的目录，了解《猎人笔记》的主体内容：

请以人物身份为关键词，仿照示例完成以下表格：

目录	关键词（身份）
1.《霍尔和卡利内奇》	农民
2.《叶尔莫莱和磨坊主妇》	猎人、地主夫妇
3.《莓泉》	
4.《县城的医生》	
5.《我的邻居拉季洛夫》	
6.《独院小地主奥夫夏尼科夫》	
7.《利哥夫》	
8.《白净草原》	
9.《美人梅奇河的卡西扬》	
10.《总管》	
11.《事务所》	
12.《孤狼》	
13.《两地主》	
14.《列别迪扬》	
15.《塔季扬娜·鲍里索夫娜和她的侄儿》	
16.《死》	
17.《歌手》	
18.《彼得·彼得洛维奇·卡拉塔耶夫》	
19.《约会》	
20.《施格雷县的哈姆莱特》	
21.《切尔托普哈诺夫和涅多皮尤斯金》	
22.《切尔托普哈诺夫的结局》	
23.《活尸》	
24.《车轮子的响声》	
25.《树林和草原》	

2. 结论：这册诊断书其实不仅仅是在诊断时代的病症，其实是在诊断_____和_____之间的关系？

【答案预设】地主与农民；地主与仆人

三、方法学习，细视"诊断书"

精读和跳读是读书常用的两种方法。跳读是主动舍弃、有意地忽略，以求更高的效率；精读指向细腻的感受、透彻的理解和广泛的联想。

从以上表格我们可以知道，在这册"诊断书"中，出现频率最高的便是"地主"这一关键词。现在，就让我们一起运用这两种方法，细视这册"诊断书"。

1. 跳读——"地主"印象

请同学们跳读相关章节或片段，用一个词概括你对"地主"这一身份的印象。

【预设答案】残酷、不知民生疾苦

2. 精读——"地主"形象

（1）请阅读以下片段，在跳读的基础上运用精读的阅读方法，回答片段后的三个问题：

【阿尔卡季·帕夫雷奇·宾诺奇金】

阿尔卡季·帕夫雷奇吃饱了早餐，样子显然很满足，给自己倒了一杯红酒，把酒杯端到嘴唇边，忽然皱起眉头。

"为什么酒没有温？"他用相当严厉的声音问侍仆中的一个。

那侍仆着实慌了，一动不动地站着，脸色发白。

"我亲爱的朋友，我在问你话呀！"阿尔卡季·帕夫雷奇平静地继续说，眼睛一直盯着他。

这不幸的侍仆踌躇不安地站着，拧着餐巾，一句话也不说。阿尔卡季·帕夫雷奇低下头，沉思地蹙着眉头对他看看。

"失礼了，亲爱的先生。"他带着愉快的笑容说，同时亲切地用手碰碰我的膝盖，然后重又目不转睛地望着那侍仆。"嗯，去吧。"略微沉默一会之后他补说一句，然后扬起眉毛，按了铃。

一个身体肥胖、肤色浅褐、头发黑色、额角低低、眼睛浮肿的人走进来。

"费奥多尔的事……要处理一下。"阿尔卡季·帕夫雷奇泰然自若地低声说。

"知道了。"那胖子回答，就出去了。

——《总管》

【精读】

(1) 精读就是细读——内容：

想一想，阿尔卡季·帕夫雷奇对待仆人的态度是怎样的？对待归属于自己的农民的态度又是怎样的？

(2) 精读就是鉴赏——语言：

"我亲爱的朋友，我在问你话呀！"阿尔卡季·帕夫雷奇平静地继续说，眼睛一直盯着他。

请赏析划线词语的作用。

(3) 精读就是精思——形象：

作者塑造了一个怎样的地主形象？

(2) 列宁曾这样对这位"地主"进行赞美："那样的人道，……自己对仆人不打不骂，他只是远远地'处理'，……真像一个有教养的温和慈祥的人。"

斯捷古诺夫（《两地主》）是与之相类似的一个地主，请以小组合作的方式，参考以上三个步骤，任选一段文字进行精读。要求如下：

【斯捷古诺夫】

1. 选择一段最能突显人物性格的文字。

2. 对这一文字从内容、语言、形象三方面进行精读。

3. 小组合作：

(1) 以 4—5 人为一小组。

(2) 每个人均要发表意见，小组成员要学会倾听，学会质疑。

(3) 小组成员要合理分工：1 人记录要点，1 人发言，1 人书写于黑板上，1（或 2 人）进行段落朗读。

四、主题探究，审视"诊断书"

1. 地主与农民的关系是紧张的，矛盾是尖锐的。在这样的地主管制下，农民的生活是可想而知的，然而，正如柯罗连科所说："这一切现象和人物在当时的生活中是普遍存在、司空见惯的。而可怕就在于这普遍性。"

《猎人笔记》这册"诊断书"，它揭露了那个时代最大的弊端。请结合下列的知识链接以及小说的相关内容，思考小说的主题。

【链接一】

屠格涅夫，俄国现实主义作家，于1818年11月9日诞生在奥廖尔城。父亲是破落的世袭贵族，很早去世。母亲是富裕的地主，极其专横任性，她手下的农奴们经常受到残酷无情的惩罚。这种惨状引起了屠格涅夫的愤慨和抗议。他说："我诞生并成长在殴打和折磨的环境里。""那时候我心中就已产生了对农奴制的憎恨。"这种憎恨便是他后来创作《猎人笔记》的动机。

【链接二】

"我不能同我所憎恨的对象并存在一起，呼吸同样的空气，对于这一点，看来我缺少应有的忍耐力和坚强性格。我须得离开我的敌人，以便从远方更有力地攻击它。在我心目中，这个敌人有一定的形象，惯用着众所周知的名字：这敌人就是农奴制。我在这个名字之下搜罗并集中了我决心与之斗争到底的一切——我发誓永远不同它妥协。"

【答案预设】屠格涅夫以《猎人笔记》"为时代诊脉"，揭示时代的病患，察觉到地主、管家与农民的尖锐对立，巧妙地揭示贵族地主的野蛮和凶残，揭露了农奴制的罪恶与残酷。

赫尔岑："地主家庭的内在生活，从来没有被这样暴露过，这是带着嘲弄、仇恨和厌恶的样子暴露的。"

2. 推荐阅读：果戈理《死魂灵》。

五、课后作业

1. 阅读《猎人笔记》和果戈理的《死魂灵》，对比两书中的地主形象有何异同。

2.（选做）了解更多关于农奴制的资料。

为人物造像

——《猎人笔记》研读课

【研读目标】

1. 能赏析霍里和卡里内奇的不同形象。

2. 能将书中的农民形象做一个概述。

3. 能体会作者对农民的情感。

【研读重点】赏析霍里和卡里内奇的不同形象，体会作者对农民的情感。

【研读过程】

一、激趣导入

我们说，屠格涅夫是一位优秀的医生，用睿智的双眼"为时代诊脉"。但今天，我们会发现他也是一位巧夺天工的雕像家，"为人物造像"。别林斯基说："从以往任何人都没有这样接近过的角度接近了人民。"

二、《霍里和卡里内奇》研读——"为人物造像"

1. 感知"农民"

请同学们快速阅读《霍里和卡里内奇》，思考：屠格涅夫从哪些角度对这两位农民进行"雕像"？请选择自己喜欢的方式进行阐述。（如列表格、画树状图、画思维导图等）

【答案预设】（列表格）

	霍里（代役租农民）	卡里内奇（服劳役的农民）
居住环境	清洁的墙壁；圣象；干净的菩提树木桌子；没有蟑螂	破旧的棚屋
外貌	秃头；矮身材；肩膀宽阔；体格结实；相貌很像苏格拉底，小眼睛，翻鼻孔	四十岁左右；又高又瘦；小脑袋仰着；和善的、黝黑的、有几点麻斑的脸
工作	做点黄油和焦油的小买卖	陪主人打猎
家庭	儿孙满堂	未提
经济条件	较好	较差（穿着树皮鞋，勉强度日）
兴趣	行政和国家的问题	关于自然、山、瀑布、特殊的建筑物、大都市的描述

2. 感析"农民"

屠格涅夫这个"雕像家"为我们"雕刻"了两个性格截然不同的农民，你更喜欢哪一个形象？请阐述原因。请按照以下要求进行小组合作学习：

> 1. 独立思考，将自己的答案写在纸上。
> 2. 小组交流，互相启发，互相评判，形成小组最佳答案。
> 3. 全班交流。

【答案预设】霍尔具有务实的思想和性格，积极有为；卡里内奇则是俄罗斯农民中的一个诗趣盎然的人物。（具体原因略）

3. 感悟"农民"

（1）屠格涅夫所雕刻的这两位农民淳朴聪明，虽然他们的性格大不相同，但是他们的人生相比上节课所提到的农民更为"幸福快乐"。然而，他们有自己的无奈和忧伤吗？请结合小说内容做具体阐述。

【答案预设】霍里仍未获得真正的自由："霍里要是做了自由人，"他低声地继续说，仿佛是自言自语，"凡是没有胡子的人，就都管得着霍里了"。

卡利内奇生活贫困："那他为什么不给你做靴子呢？""那么，至少买树皮鞋的钱总得给你，你是陪他去打猎的啊；大约一天要一双树皮鞋吧。""是的，去年赏了你十戈比银币。"

（2）我们说作者写绝望的农民是为了揭露农奴制的罪恶；那么，作者写这些快乐、美好的农民又是为了什么呢？

【答案预设】他将农奴制度置于一切美好品质的对立面，从而深刻地揭露了这一制度对所有人人性的践踏。

4. 感叹"农民"

墓志铭是一种悼念性的文字，如果要你在屠格涅夫所"雕刻"的这两个"雕像"上写一段墓志铭，你会写什么？

三、"人物群像"塑造

1. "农民"是屠格涅夫"雕刻"的主要对象，他用自己的笔不仅仅"雕刻"了霍里和卡里内奇两位"农民"的形象，更是以他们为首，"雕刻"了一系列的"人物群像"。说说书中还有哪些类似的人物形象，并做概括。

【答案预设】卡西扬（《美人梅奇河的卡西扬》）、雅科夫（《歌手》）、阿库丽娜（《幽会》）、露克丽雅（《活尸首》）

2. 小结：

> 屠格涅夫："俄罗斯农民身上蕴藏着、正成熟着未来伟大事业的萌芽，宏伟的人民的发展过程的萌芽。"

俄国农民的淳朴聪明、天真友善、满怀理想和多才多艺，他们有一个共同的特点——即使贫穷、压迫和侮辱也掩不住他们身上的光彩与个性。

3. 主题阅读

请阅读格里戈罗维奇的《苦命人》和托尔斯泰的《一个地主的早晨》，说说这里的农民与《猎人笔记》中的农民有什么不同。

【答案预设】《苦命人》：农民是只能引起同情、怜悯的苦命人，只是一般的被剥削、被压迫的消极对象。《一个地主的早晨》：主要描写农民对地主老爷们的不信任。这是农奴制社会中地主和农民之间关系的真实写照，这种矛盾是不可调和的。

四、课后作业

1. 《猎人笔记》中除了地主和农民，还刻画了一系列形形色色的人，请任选其中一个进行赏析。

2. （选做）请为你最喜欢的一个人物，写一份生平履历。

为自然写魂

——《猎人笔记》阅读交流课

【交流目标】

1. 能结合相关内容，赏析小说中精彩的环境描写；
2. 能体会作者环境描写中流露的情感。

【交流重点】

结合相关内容，赏析小说中精彩的环境描写，体会作者环境描写中流露的情感。

【交流过程】

一、激趣导入，走近"画作"

今天，让我们一起走近"画家"屠格涅夫。他用自己的"画笔"描摹了一幅又一幅俄罗斯的风景画。托尔斯泰曾这样评价屠格涅夫的风景描写："这是他的拿手本领，以致在他以后，没有人敢下手碰这样的对象——大自然。两三笔一勾，大自然就发出芬芳的气息。"

二、为自然绘画（此活动为课前完成，此处为交流。）

屠格涅夫以文字为"画笔"，为我们呈现了一幅幅俄罗斯图景。现在，就让我们一起将这一幅幅图景还原出来吧。（课前完成的任务）

【为自然绘画】

我的摘录：请摘录一段令你印象最深刻的环境描写。
_____

我的构思：想一想你将要还原的"画作"中，有什么景物？它们各有什么特点？

景物	特点

我的绘画：请你帮屠格涅夫还原他的"画作"。

我的解说：请对自己还原的"画作"进行解说。
_____

三、为自然写魂

然而，屠格涅夫的"画作"到此还未结束。在他的"画作"中，自然本身是有生命的，它也承载着人的生命刻度。你觉得，如果要为你的"画作"添上一个人物，你会选谁？为什么？请按要求进行小组合作。

1. 请为你的"画作"添上一个人物，并阐述理由。

（提示：可从人物经历是否与画作有关、人物性格是否与画作相符、人物是否使画作更加鲜活、人物与画作的组合是否使小说主题更加突出等方面进行阐述。）

2. 合作：

（1）以4—5人为一小组。

（2）每个人均要发表意见，小组成员要学会倾听，学会质疑。

（3）小组成员要合理分工：1人记录要点，1人发言，1人（或2人）将关键词写在黑板上。

四、课后作业

1. 任选一个角度，为《猎人笔记》写一份书评，并发表在豆瓣网上进行共享与相互评论。

2. （选做）做一份《猎人笔记》的手抄报，并在班级中进行评比。

镜花缘

——李汝珍

一、作品介绍

《镜花缘》是清代中期著名小说，作者是人称"北平子"的清代著名小说家李汝珍。小说讲述的是，武则天因酒醉令百花冬天开放，众花神不敢违令只能照做，却因此触怒天帝，被贬至凡间托生成为百位才女。其中百花仙子托生到岭南唐家，取名小山。其父唐敖因科举受挫而放弃功名，跟随妻兄林之洋和船工多九公远游海外，见识到了三十多个国家的奇人异事和奇异风俗，后来选择隐居小蓬莱山。唐小山思父心切，毅然出海寻亲。她回国后，正逢武则天开女科，各位花神都被录取，大家得以一一相认。众人吟诗作赋，场面十分盛大。经历一番变故，武则天在唐中宗复位后下诏再开女科，并命前科才女重赴"红文宴"。

本书通过唐敖在各国的游历见闻，集中体现了作者对当时社会各种问题的看法。比如作者谈到了殡葬、争讼、奢华过度、后母、缠足、合婚等方面存在的各种问题与现象，其中尤为醒目的是妇女问题。作者借书中人物之口，表达了自己对于妇女的关注和同情。在清代，这些思想显然是具有先进性的。不过本书的缺陷也相当明显。作者不太擅长刻画女性形象，书中出现的女性几乎都令人感觉毫无个性，千人一面，基本上都可以看作作者某种观念的代言人，无法让人对她们留下深刻的印象。而且，可能是作者的生平经历所致，作者空有满腹才华，但在现实生活中无人赏识，因此唯有把这些学识尽情地在文中展现，从而导致文中大段大段地发表议论之处比比皆是，读起来甚是枯燥繁杂，令人厌烦，严重削弱了作品的可读性和趣味性。但是，瑕不掩瑜，本书所展现出来的丰富奇特的想象力和超前的女性意识，使得本书仍然不愧为一部值得阅读的经典名著。

二、实施要求

《镜花缘》这一类古典长篇小说，对学生来说阅读起来还是有一定难度的。首先因为篇幅较长，阅读所花的时间会比较久，容易失去耐心；其次，因为学生阅读理解能力有限，对于这一类夹杂着文言文的白话文小说，还是存在一定的阅读障碍；再次，因为距离现代时间有点远，文中的一些思想观念不是那么容易理解，对作品的思想内容和主题的把握，也会有一定的片面性；最后，因为作者的写作特色，喜欢大段大段地高谈阔论发表看法，读起来比较累，容易疲倦。因此，教师在激发学生阅读兴趣的同时，事先应进行一定的方法指导，帮助学生重点感受书中的奇幻世界，体会作者丰富的想象力，还要注重引导学生结合时代正确理解和客观把握作品的思想内容，让学生能够尽量在最短的时间内获取尽可能多的信息，得到尽可能深刻的理解。

教学中，充分发挥学生的学习积极性和主动性，做好课前准备，并有效利用网络资源，丰富教学内容；在学法指导上，注重启发性，注重小组的交流、合作与探究，尊重个体认知体验，引导树立正确的人生观、世界观。

1. 用课外资源（网络或课外读物），搜集有关材料。

2. 个体阅读、概括，小组合作学习交流，把握小说波澜起伏的情节，理解作者的看法观点；创设情境，欣赏其艺术魅力。

3. 时代，客观把握作品的思想内容。

三、导读攻略

【阅读安排】

周次	阅读章节	阅读任务
第1-4周次	阅读全书	梳理国家及特点、梳理出现的人物
第5周次	精读11-12回、16-19回、23回	分析人物形象、理清作者思想观点
第6周次	精读32-37回、精读《红楼梦》第70回	分析人物形象、理清作者思想观点、分析写作特色、比较阅读，初步感受两书中女性形象的不同

【阅读方法】

首先，应该对全书的主要情节有一个大概的梳理，了解唐敖游历过的国家和书中出现的一些主要人物。学生可以运用读序言、回目等方式来了解大概内容以及重点所在，通过跳读法快速阅读，尽快掌握主要内容，然后用列表格的形式进行梳理。

其次，需要分析归纳几个主要人物的性格特点。要达到这个层次，需要进行精读。精读过程中，可以结合写批注、写赏析的方式进行。同时还可以将一些主要人物进行比较，找出他们身上的异同，从而学习作者塑造人物的方法。比较过程中，可以由老师提供一定范例进行借鉴，也可以自己做一些阅读摘记，写一写读后心得。

最后，要尝试对作品的思想内容、写作特色等方面进行适当的分析评价，在评价时应该注重运用辩证思维，即既要注意到它思想观念的进步性，也要看到它的局限性。既要看到作品的优点，也要分析作品存在的不足。可以将相关内容与其他的作品进行比较阅读，从而更直观更深入地感受作品的思想特色。

初识《镜花》世界

——《镜花缘》导读课

【导读目标】

1. 积累一点关于作家、作品的文学常识。

2. 学习并掌握一点快速理清作品内容的方法。

【导读重点】掌握快速理清作品内容的方法。

【导读过程】

一、导入：

大家喜欢看漫画吗？微博上有一位相当出名的漫画家郭斯特，她有一部作品正在连载，名字叫做《百花王朝》。这部作品画风优美，故事惊险奇特，很受读者欢迎。你知道它改编自哪部作品吗？对，就是我们的古典名著《镜花缘》。

二、理清内容：

《镜花缘》究竟是怎样的一部名著，引得我们的漫画大触都忍不住以它为蓝本进行改编创作？让我们先睹为快。

（出示书籍）

这本书很厚，很难在短时间内看完。有没有什么好办法可以帮助我们在最短时间内知道它的大概内容？

学生回答。

明确：

1. 观察封面，找出关键词。如女权、妇女问题。

2. 阅读序言，找到重点章节。如君子国、女儿国、黑齿国、武则天德政。

3. 浏览回目，理清作品梗概。如武太后怒贬牡丹花、百花获谴降红尘、弃嚣尘结伴游寰海、镜花岭孝女寻亲。

4. 小结：关于作家、作品

（1）通过上述方法的综合运用，请说说你对《镜花缘》的初步印象——它是一部怎样的小说？

示例：《镜花缘》，是一部关注妇女问题的小说；它是一部讲述了主人公在海外种种历险的小说；它是一部讲述了很多女子经历的小说……

出示作品简介：

> 《镜花缘》，是清代文人李汝珍所作的长篇小说。该书讲述了百位花神因为不敢违抗武则天旨意而在冬天开花，却因此被贬下人间托生为才女并有所作为的故事，为我们描绘了海外各国奇异的风土人情，想象丰富，情节生动，深刻地讽刺了种种社会现象。

（2）写出了这样一部作品的人，会有什么样的经历和性格呢？

出示作者资料：

> 李汝珍（1763—1830），清代小说家，字松石，江苏海州（今属连云港市）人。少年时师从凌廷堪学习各种礼仪和技能，并对疆域沿革尤为精通。但由于李汝珍对八股文不感兴趣，且生性耿直，不愿阿谀奉承，导致仕途不顺。中年以后，他对仕途彻底失望，遂放弃功名潜心钻研学问。自1795年起开始创作，花费二十年时间，终于在1805年完成《镜花缘》一书。

这样的一个人，必然会把很多自己关注的问题以及在现实生活中无法实现的理想，反映、寄托在自己的书中。因此，我们在阅读时就要注意去寻找相关的内容。

三、重点把握

1. 跳读法

根据序言中的提示，找到相关重点章节进行阅读，并进行梳理。

梳理：一些相关的重点内容，可以用读书卡片或表格等形式，进行梳理、比较，从而获得更清晰、明确、直观的认识。

【梳理示例1】

国名	外貌特点	国人性格	奇特事物	相关重要事件
两面国	头戴浩然巾，脑后遮住，只露正面，里面藏着恶脸，鼠眼鹰鼻，满面横……	表面和颜悦色，实则两面三刀，势利眼		遇见强盗

【梳理示例2】

姓名	相遇国家、地点	身份	外貌	特长
骆红蕖	东口山	骆宾王兄弟之女	白布箭衣、头束白布渔婆巾、臂上挎着雕弓	射箭、杀虎

2. 精读法

在对重点章节进行阅读时，要做好以下几个方面的工作：

（1）及时做好批注：读到精彩部分，产生了一些共鸣或者一些想法，可以在书页空白处写一点文字，或赏析精彩之处，或记录阅读心得，既能增加文学积累，又可提高鉴赏水平，深化阅读感悟。

精彩片段阅读示例："淑士国"节选

三人来到大街上，看那国人都是头戴儒巾，身穿青衫，也有穿着蓝衫的，那些做买卖的，也是儒家打扮，斯斯文文，并无商旅习气。所卖之物，除家常日用外，大约卖青梅、齑菜的居多，其余不过纸墨笔砚，眼镜牙杖，书坊酒肆而已。

……

三人进了酒楼，就在楼下捡个桌儿坐了。旁边走过一个酒保，也是儒巾素服，面上戴着眼镜，手中拿着折扇，斯斯文文，走来向着三人打躬赔笑道："三位先生光顾者，莫非饮酒乎？抑用菜乎？敢请明以教我。"林之洋道："你是酒保，你脸上戴着眼镜，已觉不配；你还满嘴通文，这是甚意？刚才俺同那些生童讲话，倒不见他有甚通文，谁知酒保倒通起文来，真是'整瓶不摇半瓶摇'！你可晓得俺最猴急，耐不惯同你通文，有酒有菜，只管快快拿来！"酒保赔笑道："请教先生：酒要一壶乎，两壶乎？菜要一碟乎，两碟乎？"林之洋把手朝桌上一拍道："甚么'乎'不'乎'的！你只管取来就是了！你再'之乎者也'的，俺先给你一拳！"吓得酒保连忙说道："小子不敢！小子改过！"随即走去取了一壶酒，两碟下酒之物，一碟青梅，一碟齑菜，三个酒杯，每人面前恭恭敬敬斟了一杯，退了下去。……

只见外面走进一个老者，儒巾淡服，举止大雅，也在楼下捡个座儿坐了。

那个老者坐下道："酒保，取半壶淡酒。一碟盐豆来。"唐敖见他器宇不俗，向前拱手道："老丈请了。请教上姓？"老者还礼道："小弟姓儒。还未请教尊姓？"当时多、林二人也过来，彼此见礼，各通名姓，把来意说了。……

四人闲谈，不知不觉，连饮数壶。老者也问问天朝光景，啧啧赞美。又说许多闲话。老者酒已够了，意欲先走一步；唐敖见天色不早，算还酒账，一同起身。老者立起，从身上取下一块汗巾，铺在桌上，把碟内所剩盐豆之类，尽数包了，揣在怀中，道："老先生钱已给过，这些残肴，与其白教酒保收去，莫若小弟顺便带回，明日倘来沽饮，就可再叨余惠了。"一面说着，又拿起一把酒壶，揭开壶盖，望了一望，里面还有两杯酒，因递给酒保道："此酒寄在你处。明日饮时，倘少一杯，要罚十杯哩。"又把酱豆腐、糟豆腐，倒在一个碟内，也递给酒保道："你也替我好好收了。"四人一同出来，走了两步，旁边残桌上放着一根秃牙杖，老者取过，闻了一闻，用手揩了一揩，放入袖中。

——节选自《镜花缘》第二十三回

批注示例：

作者想象丰富，笔调幽默，运用夸张、对比等手法，刻画了令人捧腹的淑士国国人形象。这个国家表面上大家都斯文有礼，然而所谓儒生却连吃剩下的几个盐豆都揣到怀里，一根用过的秃牙杖也要放到袖子里。作者用这些手法淋漓尽致地讽刺了儒林的丑态。

（2）尝试比较阅读：读新的书籍时，可以将它与已经阅读过的书目进行比较，在横向或纵向的比较中加深对作品写作特色、主题等方面的认识。

【比较示例1】

　　将《镜花缘》与《格列佛游记》进行比较。

【比较示例2】

　　将《镜花缘》与《红楼梦》进行比较。

四、作业

运用跳读法和精读法，浏览作品。

1. 参考梳理示例1和2，梳理书中唐敖游历过的国家以及相关内容，准备在下一节的阅读交流课进行分享交流。

2. 为自己感兴趣的章节写一些批注，理解作者思想观点，体会作者情感。

你言我语论《镜花》

——《镜花缘》阅读交流课

【研读目标】

1. 通过交流，感受作者奇特丰富的想象力。
2. 阅读文段，分析作品的写作特色。
3. 探究人物特点和作品思想内涵。

【研读重点】分析作品写作特色，探究作品思想内涵。

【研读过程】

一、导入

思想只有通过交流，撞击出火花，才能更加闪耀夺目。这节课，我们就在同学们自由阅读的基础上，通过研读，分享思想的火花。

二、阅读分享

出示研讨主题1：

奇幻的国度：
　　我印象最深刻的国家是_____国，因为_____。从中我感受到作者_____。

示例：我印象最深的国家是君子国，因为这个国家的人都有谦谦君子之风，好让不争，令人敬佩。作者在这一章里借吴氏两兄弟之口针对很多问题发表了很多看法，比如殡葬、生子、缠足等问题，从中我感受到作者对现实中这些现象的强烈不满。

1. 学生小组交流。
2. 小组代表上台展示。
3. 其他小组补充。

小结：通过同学们的交流，我们了解了《镜花缘》中许多奇奇怪怪的国家，这些国家的人各有特色，或为大方君子，或为卑鄙小人，或外貌丑陋内在高雅，总之作者用自己的神奇之笔为我们展示了一个光怪陆离的世界，读起来充满了令人惊奇的想象力。

过渡：刚刚我已经跟随同学们的步伐了解了很多有趣的国家，接下来，我们来聊聊里面的人物。

出示研讨主题2：

有趣的人物：
　　我最喜欢（最讨厌）的人物是_____，因为_____。

示例：我最喜欢的人物是多九公，他见多识广，而且心地很善良，愿意把珍藏的秘方分享出来治病救人。

学生交流。

过渡：同学们对书中人物都有自己独特的看法，非常不错，所谓"百花齐放百家争鸣"，正好符合我们这部书百花齐聚的特点。凑巧的是，我前段时间正好看到了一名画家画的《镜花缘》人物漫画，请大家欣赏。

> 讨论：你认为这幅画中的三个人分别对应文中的哪三个人？符合你心目中的三人形象吗？

预设：学生可各抒己见，但要依据人物的特点、性格等来进行说明。

小结：小说中的主要人物包括唐敖、林之洋和多九公等，作者塑造的这几个人物性格鲜明，各具特色。如唐敖，才思敏捷，喜爱游山玩水；林之洋，善良而风趣，虽为商人，却从不唯利是图、见利忘义，待人诚恳、朴实，很重情义；多九公，见多识广，不贪钱财，不计前嫌，是一个忠厚朴实、心地善良的劳动者形象。他们都能够给读者留下深刻的印象。

三、好书推荐

《镜花缘》是一本非常有意思的书，我们应该让更多人知道它，了解它，阅读它，分享它。我们校报上有一个栏目"好书推荐"，请你为它写一则推荐。

范例：

> 内容简介：
>
> 《红楼梦》，又名《石头记》、《风月宝鉴》、《金陵十二钗》等，中国古典四大名著之一，也是公认的中国古典小说巅峰之作，被称为"中国封建社会的百科全书"。小说以贾、史、王、薛四大家族为背景，围绕贾宝玉、林黛玉、薛宝钗三人的爱情纠葛展开，描写了三位主人公的爱情悲剧，刻画出各个阶层的女性形象，并通过记述荣、宁二府由胜到衰的过程揭示出封建社会的末世危机。
>
> 推荐语：
>
> 《红楼梦》作为中国的四大名著之首，既有丰富的思想内涵，又有极高的艺术水准。作者以极为广阔的视野，关注世情百态，对官场的黑暗、统治阶级的腐朽，科举制度的僵化等等方面都进行了深刻的思考和批判。从人物刻画角度来看，书中的人物极其纷繁复杂，但是其中有名有姓的人物几乎个个个性鲜明，而且往往性格多面，极有深度，令人过目难忘。

你的推荐：

【好书推荐】

作者：_____

★内容简介：

★推荐语：

四、作业

阅读《红楼梦》第七十回，感受众人诗作中体现出的不同性格特点。

唐小山的奇幻之旅

——《镜花缘》研读课

【交流目标】

1. 深入感悟书中不同国家的特点以及作者寄予其中的社会理想。
2. 比较《红楼梦》与《镜花缘》，体会作品风格和人物形象的区别。

【交流重点】作品人物形象的区别。

【交流重点】对作品风格的评价。

【交流过程】

一、导入

上次的阅读交流课上，我们跟随唐敖的脚步在海外各国进行了一次惊险又不乏惊喜的游历。今天，我们化身为另一个人，进行一次穿越之旅。

二、活动

> **游戏：少女唐小山的奇幻之旅**
> 背景设置：漫画家郭斯特和一家游戏制作公司共同开发了一个游戏，名叫《少女唐小山的奇幻之旅》。主人公唐小山是一个十四岁的现代少女，有一天突然穿越到了《镜花缘》中所写的时代。为了回到现代，她必须经受历练，提升自己。

第一关

预设：分析每个国家的特点，获得一定的认识、感悟，从而提升自己。如游历君子国懂得了"好让不争"的君子之风，并对各种社会不良风气有了自己独到的见解；游历两面国懂得了人性中存在的势利、虚伪与险恶，可以提高人际交往的警惕性；游历黑齿国知道了学习的重要性，并且认识到了女性的能力完全不输于男性；游历女儿国知道了所谓的"男尊女卑"并没有自然根据，只是"自古如此"的"矫揉造作"，男女应该是平等的；游历白民国懂得了不应该以貌取人，不要被外表所蒙蔽，看人应该注重内在的真才实学。

> **重重磨练**
> 唐小山必须在系统提供的五个国家中选择三个来进行游历，提高自己各方面能力。
> 备选国家：君子国、两面国、黑齿国、女儿国、白民国。
> 唐小山的选择：_____→_____→_____
> 技能点1：_____
> 技能点2：_____
> 技能点3：_____

第二关

> **御前争鸣**
> 经历重重磨练，唐小山获得了参与御前面试金榜题名的机会。但由于系统bug，她只能选择附身在参加最终比试的两名选手——林黛玉和薛宝钗——其中一位身上。她有一个可以提前看到两名选手作品的机会，必须根据自己对作品的判断选择一位附身。

两人作品主题——咏柳絮

唐多令（林黛玉）

粉堕百花州，香残燕子楼。一团团逐对成逑，飘泊亦如人命薄，空缱绻，说风流。

草木也知愁，韶华竟白头！叹今生谁舍谁收？嫁与东风春不管。凭尔去，忍淹留。

临江仙（薛宝钗）

白玉堂前春解舞，东风卷得均匀。蜂团蝶阵乱纷纷，几曾随逝水，岂必委芳尘。

万缕千丝终不改，任他随聚随分。韶华休笑本无根，好风频借力，送我上青云！

请唐小山判断：武则天会判定谁是头名？

判断：_____

理由：_____

预设：本题的目的在于让学生结合《镜花缘》中武则天的性格特点和薛林二人词作中体现出的二人性格特点，从而得出一个合理的选择。

第三关

两难选择

认识了林黛玉和薛宝钗两位才女后，唐小山被她们的风采深深吸引，但是武则天又对她很器重。究竟是该留下来和百名才女一起成为女皇下属，还是离开这里去大观园和那些姐姐妹妹们一起过另一种生活？唐小山陷入了迷惘。

请你帮唐小山作一个抉择！

慧眼识才武则天

向左走？向右走？

_____
_____
_____
_____
_____

才华横溢众姐妹

093

预设：设计本题的意图在于让学生感受两部名著各自优缺点。如《镜花缘》中妇女有了参加女试的资格，相对来说地位有了一定的提高；作者也表现出了对妇女问题的关注，这是难能可贵的。但是本书对女性形象的刻画是很薄弱的，里面的女性几乎毫无区别，个个都是作者某种看法的证据或者代言人而已，人物显得毫无个性。与此相反，《红楼梦》中的女性形象光彩照人，各具特色，几乎没有重复的。偌大一个大观园，里面的姐姐妹妹们虽然都不是传统意义上的完美女性，但是她们或俏皮，或大气，或娇憨，或聪敏，都是活生生的立体的形象，令人心生向往。

三、小结

唐小山的旅行还未结束，但我们这次短暂的《镜花缘》阅读之旅已经接近尾声了。本次的阅读之旅，我们有了丰富的收获。通过同学们积极的参与，认真的阅读，热烈的讨论，我们看到了一个光怪陆离、充满奇幻色彩的海外世界，我们认识了丢弃功名、一心归隐的唐敖，也结识了许许多多的优秀女性，更可贵的是，我们感受到了作者对当时社会问题的深入思考、独到见解。当然，一部优秀的作品，是常读常新的。同学们从书中得到的可能远远不止我提到的这些。期待同学们在接下来的阅读之旅中，有更多更美好的收获。

小王子

——【法】安托万·德·圣·埃克苏佩里

一、作品介绍

【内容简介】

《小王子》是一本极具真理的儿童文学短篇小说。小说中的"我"是一名飞行员，因飞机出故障而迫降在撒哈拉沙漠。在这里"我"结识了来自另一个遥远且美丽星球的小王子。小王子因与爱人玫瑰发生感情纠葛负气离开星球，试图找到治愈孤独和痛苦的良方。他给"我"分享了在每个星球上的奇幻旅行经历和遇到的各式各样的人与动物：国王、酒鬼、掌灯人、商人和地理学家等。后来他来到地球，在狐狸的开导下，领悟到人生真谛，决定回归。圣埃克苏佩里以天真的儿童视角描绘人生百态，融入了作者对成人世界的诸多思考——如何在大人的世界里学会爱与责任，保持纯真与赤诚。

【创作背景】

圣埃克苏佩里在4岁的时候失去了父亲，但他的母亲很伟大，让他的童年生活过得很愉快。他爱飞行，也爱写作。《小王子》创作于1942年，正值二战期间，圣埃克苏佩里几经波折流亡到美国，他不懂英语，与家人的联系几乎断绝，而政党间的斗争和社会现实的黑暗都令他失望，他在夹缝里苦苦生存，只能靠写作来消耗时间。作者希望"童心未泯"的大人们借小王子的想象力飞回充满梦想、追求温情的童年时代，暂时忘记属于大人世界的权欲心和虚荣心，反思现实生活，发现人生的真谛。小王子是苦难的馈赠，也是成年人的臆想童话，是苦面包上的小小奶酪。本书也是圣埃克苏佩里对自己婚姻的反思，他的妻子康苏罗就是玫瑰原形。在两人结为伉俪后，因性格差异，曾一度陷入婚姻危机。小王子漂流在外时刻牵挂的玫瑰，正是作者赴美寻求慰藉后，对康苏罗无时无刻的牵挂。

《小王子》是纯净美丽的童话故事，也是人类生存奥秘的寓言，还是一部温馨的"爱情启示录"。

二、实施要求

(一) 点燃"兴趣"火花,鼓励"个性"解读

《小王子》一书篇幅较短,字数仅有 2 万多,这本书阅读起来并不是很难,但推荐给学生之前,班级大部分学生都没有读过。兴趣是深度学习文本的动力。因此在名著导读课上,主要设计了插图导入、故事导入和动画视频结合的方式以激发学生的阅读兴趣,比如《小王子》的作者圣埃克苏佩里就是一位话题性很强的作家,在介绍作者时抛出疑问:我们知道《小王子》是一部童话,但它的作者竟然是一位职业飞行家,他在一次侦查任务中,驾着飞机飞向天空,就再也没回来,他去哪儿了呢?这样的导入就能很好地激发孩子的阅读兴趣,使他们想要去了解这个作家的生平和作品的创作背景等,这些会有助于学生在后续阅读中深度阅读。再如,在课堂上和学生一起观看《小王子》的电影,让学生初步了解小王子、狐狸、玫瑰、飞机师以及小王子遇到的奇怪大人等形象,从而调动学生的阅读兴趣。当然,引导学生比较不同版本的《小王子》的异同,也能激发兴趣,进入主动学习状态。对此书开展整本书阅读,在阅读基础、阅读内容、阅读时间、阅读方式、阅读感受、阅读评价等多个方面都是很个性化的。大胆鼓励学生进行一定程度上的"个性化"解读,进行有效指导。

(二) 聚焦"篇章"精读,深化"整本"阅读

虽部分学生接触过此书,但更多将此书作为童话进行阅读,被书中的故事情节吸引,没有进行深入阅读思考。因为整本书的阅读,涉及的面比较广,但是这并不意味着教师的指导就可以忽视,也不可能做到面面俱到。我们在课堂上可以选取某一个篇章或者某一个点进行精读或者深读,而选取的切入点往往在整本书中有着举足轻重的作用。在《小王子》的研读课上,精选了"小王子与狐狸"交往的这一章节进行深读。因为这一章节在全书中有着重要的作用,进行深读甚有必要。狐狸让小王子懂得了很多道理,这些哲理是《小王子》一书的精髓和魅力之所在,对全书主旨的理解有帮助。首先通过挖掘"驯化"一词的内涵,引导学生理解如何"驯化";再从小王子理解"驯化"后态度的变化入手,理解小王子与狐狸交往中的哲理;最终引导上升到对作品象征意义和主旨的探讨。"在整本书的阅读指导中,不能只停留在作品浅层次的理解,有必要深入到作品的内部,开展适合学情的探讨以加深对作品的理解。通过课上教师的指导,学生站得更高、看得更远。"[1]

(三) 积累"话题"素材,进行"写作"拓展

就整本书的阅读而言,阅读的实际效果往往难于检测,有时会流于形式。我们往

---

[1] 朱平,王家伦. 整本书阅读:在"可为"处发力——以《小王子》为例 [J]. 中学语文,2018 (1):3.

往提倡学生进行课外阅读，也会推荐一些书目给学生。但如何指导学生读，读后怎么运用，常常会不了了之。"教师在使用整本书时应该基于作品特征和学生需求，着重挖掘其发展核心素养的教学价值。'读'的目的就是'用'，整本书的阅读更是如此。"[1] 如果学生真正将"所读"内化为语言积累和写作素材，又何愁写不出好的作文呢？《小王子》整本书的阅读可以给人带来很多启示，名著交流课前布置学生尝试写了关于阅读《小王子》的读后感和专题汇报。设计此教学环节，旨在通过《小王子》的阅读，帮助学生积累一批写作的话题，并作为有效素材积累，直接指向学生今后的"写作"。"整本书阅读进行读写转换，可以激发学生的思维，内化为学生的阅读和写作的经验。所以，有必要在阅读指导课上搭建形式多样的'写作'拓展，引导学生将'所读'运用到'所写'中。"[2]

三、导读攻略

【整体框架】

教学阶段	主要内容	设计意图
导读课	借助阅读任务单，了解《小王子》作者以及作者生活的时代，初步感知全书	插图导入、故事导入和动画视频结合的方式以激发学生的阅读兴趣，初步感知《小王子》的主要内容，师生共同整理阅读本书的方法
研读课	回顾故事内容，并通过变换叙述角度重新讲述故事情节。重点精读8、9、10—15、21、26章，理解"驯服"的内涵。分析人物性格特点，联系现实鉴赏评价，理解大人和孩子的本质区别	聚焦"驯服"，理解"驯服"的内涵其实是指"要走进对方内心，建立起互相依赖、互相信任、互相负责、互相关怀的关联"。并在此基础上重点精读10—15章，对比小王子与其他六个星球的人，分析人物性格特点，联系现实鉴赏评价。明确大人和孩子的本质区别在于能否用心与外界建立起驯服的关联，深入体会作品内涵
交流课	小组展示阅读成果，交流学习，深入理解小王子背后的哲理，在思维碰撞中获得情感上的共鸣	针对整本书的人物形象、故事情节、典型环境或者主题主旨等方面进行专题式的研讨，从联结角度感知作品的象征意义，联结策略的建构，将正在阅读的文本和已读文本建立联系，或者和自身的生活经验和外部的世界进行关联，使阅读达到连贯性而理解。通过活动展示，旨在探讨交流中呈现阅读成果获得情感上的共鸣，热爱阅读、乐于思考，有个人独特的理解和体会

【阅读指导】

《小王子》是温州市初中语文在七年级学段中新增的课外阅读书目。它不是一部简

---

[1] 朱平，王家伦. 整本书阅读：在"可为"处发力——以《小王子》为例 [J]. 中学语文，2018（1）：3.
[2] 同上。

单的童话，而是一部哲理童话，作者用明白如画的语言，写出了令人深思的哲理和令人感动的韵味。针对《小王子》篇幅较短和内隐哲理的特点，设计初读、再读、分享的阅读过程，并对每个阶段提出不同的要求。七年级上册教材中以《西游记》为例要求在阅读过程中掌握精读和跳读的阅读方法。而《小王子》作为一本短篇童话，应以"精读"为主，跳读为辅。阅读本书，要注意掌握以下阅读方法：

1. 利用封面、目录、序言等，迅速获取对作品的整体印象。

2. 了解作家的生活时代，为深入理解本书的主题打基础。

3. 精读8、9、10—15、21、26等重点篇章，理解"驯服"的内涵和人物形象，联系现实鉴赏评价。

本书的阅读课分为如下三个阶段：

第一阶段

1. 目标：了解《小王子》的作者及其生活的时代。能掌握相应的阅读方法去阅读。

2. 方法：通过"一看二听三聚焦"，运用精读和跳读的方法学会阅读《小王子》。

3. 任务：

（1）了解《小王子》作者以及创作背景。

（2）初步感知小说内容及主要人物，赏析精彩片段。

遇到什么人	小王子的评价	人物特征	你的感悟和看法
相同之处：			

第二阶段

1. 目标：聚焦"驯服"并理解其内涵是爱与责任；能分析领悟大人和孩子的区别。

2. 方法：运用精读和跳读。

3. 任务：

（1）理解驯服的实质是"要走进对方内心，建立起互相依赖、互相信任、互相负责、互相关怀的关联"。

（2）通过讨论交流明确大人和孩子的本质区别在于能否用心与外界建立驯服。

第三阶段

1. 目标：小组展示阅读成果，交流学习，在探讨交流中产生共鸣，深化阅读。

2. 方法：读思写结合。

3. 任务：

（1）针对整本书的人物形象、故事叙述、典型环境或者主题主旨等方面进行专题式的研讨，呈现阅读成果获得。

（2）学以致用，任选一个撰写微信推送文稿：

①某初中文学社阅读交流会；②某校亲子阅读活动。

聚焦亮点——发现阅读之匙
——《小王子》导读课

【导读目标】

1. 激发阅读兴趣，了解《小王子》作者及作者生活的时代。

2. 掌握阅读方法：略读与精读相结合。

3. 了解全书内容，精读精彩部分，体会其中蕴含的情感与哲理。

【导读重点】

掌握阅读方法，体会其中蕴含的情感与哲理。

【导读过程】

导入：阅读一本书要有一双发现的眼睛，我们要把自己想象成一个"侦探"，去找寻一些有价值的线索，发现更多文字背后的秘密。

一、聚焦图书封面

1. 一本书出现在你面前时，肌肉包着骨头，衣服裹着肌肉，可以说是盛装而来。作为一个主动的阅读者，你的阅读应该从封面开始，品书名、观书衣、看文案，这些都是作者在向你传递信号，这些内容都对你的阅读具有指导意义。

2. 说说你从封面上都有哪些发现？

预设：

（1）书名：《小王子》——用小说主人公的名字来命名。

（2）作者与译者——不同的版本译者不同，甚至连作者名字的翻译也不同，有的译为"安东尼·圣埃克苏佩里"，有的译为"安托万·德·圣埃克苏佩里"。（学会分

辨经典译著——目前，李继宏的译本是唯一官方认可的版本)

（3）书衣上的图画：星际、小行星、小王子、玫瑰花等——猜测书的内容与之有关。

（4）书衣上的文字："看东西只有用心才能看得清楚，重要的东西用眼睛是看不见的。"——揭示了本书的主旨。

二、聆听故事，引发想象

（一）第一个故事：关于"作者"的故事

接下来将通过"两个故事"带同学们走进《小王子》这本书。

1. 屏幕显示"这位作者不仅仅是一位作家"，引出作者"飞行员"的这一特殊身份，播放"刘教授经典导读"视频短片，让学生了解作者生活的那个年代。

2. 补充资料"先贤祠"，并且思考为什么在这里老师要强调作者"飞行员"这一身份。

（二）第二个故事：关于"小王子"的故事

1. 屏显："这位'王子'不是'王子'"，请你说说一般印象中的王子是什么样子呢？有哪些特征？

2. 屏幕呈现书中小王子的形象和他居住的星球，从"小王子一个人住在一颗小行星上"，让学生展示和介绍"自己的星球"。

3. 对比自己的星球和小王子一人居住的星球，感受小王子一个人很孤单的情绪，引出"玫瑰"的出现。

4. 播放电影片段："玫瑰"的出现以及和小王子朝夕相处的日子，感受小王子和"玫瑰"的深厚感情。

5. 屏显：小王子写给玫瑰的诗，学生齐声朗读。小王子对玫瑰是什么情感？为什么转变？

预设：小王子离开自己星球。

6. 提问：你认为小王子为什么会离开？此处让学生展开想象回答。

预设：花的要求是如此的多，以至于小王子觉得她真是难伺候。因为我们往往在付出感情的同时，"想象"着对方可能有的回应和表现，并且期待，一旦意愿不能实现的话，愤慨、不满、失望、猜疑等种种情绪由是而生。小王子的摆脱孤独的期望没有回应，于是小王子觉得这朵玫瑰一点都不理解他，他的心里充满了更多的孤独。所以，最后他选择了离开。

三、聚焦书中人物——个性中寻共性

1. 小王子在星际旅行中遇到了哪些人？

预设：小王子分别遇到了国王、爱慕虚荣的人、爱喝酒的人、做生意的人、掌灯人、地理学家。

2. 你最感兴趣的是哪个人物？说说自己的理由。他们各有什么特点，又有什么相同之处？

预设：

爱慕虚荣的人：需要掌声，渴望赞美。他认为所有的人都是他的崇拜者，他的帽子不是用来戴的，而是用来挥舞的。

掌灯人：循规蹈矩，呆板僵化。虽恪尽职守，但不知变通，把生命耗费在毫无意义的"规矩"与陋习中。

国王：热爱权力，渴望控制。他需要别人的服从，享受唯我独尊的感觉。他最在乎的是自己的权威得到尊重。

地理学家：书斋学者，自命不凡。他是一位足不出户的地理学家，严重脱离实际，只能制造学术垃圾。

小结：这些人各有各的荒唐，他们共同的特点是过于关注外在的东西，而丧失了内心的安宁和快乐，他们拥有了一个社会角色，却丢失了作为人的天性。

四、聚焦精彩片段——精辟处悟哲理

你觉得书中的哪些片段写得精彩，让你眼前一亮？哪些语段写得深刻，让你豁然开朗？

预设：

1. 如果你对大人说："我看到一座漂亮的红砖房，窗台上摆着几盆天竺葵，屋顶有许多鸽子……"那他们想象不出这座房子是什么样的。你必须说："我看到一座价值十万法郎的房子。"他们就会惊叫："哇，多么漂亮的房子啊！"（第4章）——这是多么富有讽刺的描写啊！大人们关心的并不是房子本身，而是其附着的价值。

2. "对你来说，我无非是只狐狸，和其他成千上万只狐狸没有什么不同。但如果你驯化了我，那我们就会彼此需要。你对我来说是独一无二的，我对你来说也是独一无二的……"（第21章）——只有"驯化"，才能建立彼此之间的联系，让他们成为对方心中的唯一。

3. "就像那朵花，如果你爱上一朵生长在某颗星球上的花，当你抬头望着夜空时，你会感到很甜蜜。仿佛所有的星星都开满了鲜花。"（第26章）

——爱，会让一切变得不同。即使相隔很远，也会觉得彼此的心紧紧相连。

五、聚焦阅读体验

阅读的过程就是一场发现之旅。即在阅读中发现自我，提升自我，让自我破茧而出。那么，同学们在阅读这本书时，有没有自己独到的发现呢？

预设：

发现言外之意——理解文字的深意

发现不懂之处——促进深入的思考

发现蕴含哲理——品味哲思的乐趣

六、布置作业

一张地图：一张记录小王子旅行星球的地图。

导读任务单

一、初步感知全书

请你按照以下顺序完整看一遍全书。

1. 看封面

书　名：_____　　作　者：_____

译　者：_____　　出版社：_____

2. 看序言

☆可以动手查资料，进一步了解作者和本书：

①本书作者的成长经历。②作者有哪些代表作？

3. 看目录

这本书共有____个章节，计划用_____（____时间）读完这本书。

二、聚焦书中人物——于个性中寻共性

小王子游历六颗小行星分别遇到了六个不同的人，请你跳读并完成填表：

遇到什么人	小王子的评价	人物特征	你的感悟和看法
相同之处：			

三、聚焦精彩片段——于精辟处悟哲理

你觉得书中的哪些片段写得精彩，让你眼前一亮？哪些语段写得深刻，让你豁然开朗？请记录下你的思考。

领悟爱

——《小王子》研读课

【研读目标】

1. 回顾故事内容，变换叙述角度重新讲述故事情节。

2. 聚焦"驯服"，精读部分章节，理解驯服的内涵。

3. 分析人物性格特点，理解大人和孩子的本质区别。

【研读重点】理解驯服的内涵。

【研读难点】分析人物性格特点，联系现实鉴赏评价。

【研读过程】

一、导入

上节课我们了解了《小王子》的主要内容，这个童话故事是从飞行员"我"的角度来讲述的，那么同学们能否从小王子自身的角度来简单讲述呢？

预设：在遥远的 B612 星球上，生活着一位小王子。有一天，他与自己的玫瑰闹了别扭，最终决定离开星球。一路上，他遇到了一些奇怪的人，比如国王、贪慕虚荣的人、酒鬼、商人、点灯人和地理学家。后来他来到地球，见到了很多玫瑰、一只狐狸、一个飞行员。最后他回到自己的 B612 星球上去。

二、聚焦"驯服"

（一）发现驯服

1. 从出走到回归，小王子为什么会有这样的转变呢？遇见狐狸，你们是否发现，小王子和狐狸说的这些话其实都是围绕哪两个字来说？那便是"驯服"。

2. 驯服是什么意思？

预设：文中的"驯服"就是建立关联、联系。

过渡：究竟文中的"驯服"与现实生活中的驯服有什么区别呢？

（二）解读驯服

1.【屏显】驯服容易吗？它需要_____？请你带着这样的问题，精读第 21 章，在读到含有"驯服"的句子时，你可以停下来，联系自己的生活，写一写批注。

小组合作要求：

（1）精读文章，独立思考，写下你的想法，5分钟。

（2）小组交流汇总3分钟。

（3）一人汇报，一人上台记录关键词。

预设1：驯服不容易，它需要耐心。

语句："应该有很大的耐心。"狐狸回答说，"你先坐得离我远一点儿，像这样在草地上。我斜着眼睛瞅你，你什么话都别说。话语是误解的源泉。但是，每天，你可以靠近一些坐……"

这段话里，从"为什么开始要离我稍远一点儿""什么也不要说，言语可是会导致误会""你可以一天天地向我靠近"，我领悟到人与人交流中都会设一道防线，破解这些阻碍需要耐心和恒心，才能让我们除了身体靠近，还能达到心灵的贴近。

预设2：驯服不容易，还需要仪式。

语句："最好是在同一个时间来。"狐狸说，"比如说你在四点钟要来的，那么从三点钟起我就开始感到幸福了。时间愈近我感到愈幸福。到了四点钟我已激动不安，我发现了幸福的价值！但是你若什么时候都来，我就不知道什么时候让心有所准备……仪式是必需的。"

其实，驯服就是使某一天与其他日子不同，使某一时刻与其他时刻不同，生活需要仪式感。两个人有共同的期待，即使是互相的一点温和，都能成为巨大的馈赠，值得彼此铭记和回忆。

预设3：驯服不容易，还需要责任。

语句：狐狸说："可是，你不应该忘记它。你现在要对你驯服过的一切负责到底。你要对你的玫瑰负责……"

预设4：驯服不容易，它需要时间、方法……

小结：刚才同学说了那么多驯服的不容易，其实都是围绕一个字——爱。就这样，小王子驯服了狐狸。

2. 在这个驯服的过程中，小狐狸改变了小王子，小王子现在如何看待自己的玫瑰花？

预设："……因为她是我浇灌的。因为她是我放在玻璃罩中的。因为她是我用屏风保护起来的。因为她身上的毛毛虫是我除灭的。因为我倾听过她的牢骚和吹嘘，甚至有时我聆听她的沉默。因为她是我的玫瑰。"

过渡：小王子终于明白生活的真谛，知道自己在寻找什么。

3. 请你根据刚才的分析，谈谈小王子一开始和玫瑰的关系算不算是真正的驯服？

要求：仔细阅读第8章，根据文章具体内容来回答。

预设：小王子没有用心感受玫瑰给自己带来的芬芳和美丽，无法忍受玫瑰的虚伪。玫瑰一味要求小王子付出，同时通过吹嘘来掩饰自己。小王子与玫瑰都没有察觉到对方真实的心意，也没有体会到这种驯服的关联。[1]

追问：那么这种驯服的关联，到底应该怎样才能体会到呢？

预设："我应该根据她的行为，而不是根据她的话来判断她。""话语是误会的根源。""这就是我的秘密。很简单：只有用心才能看得清。实质性的东西用眼睛是看不见的。"

小结：要理解对方，不被语言表象迷惑，走进对方的内心。正如书中所言："一个人用心灵去看，才看得清楚。本质的东西，用眼睛是看不见的。"

三、聚焦大人

1. 小王子在离开B612星球后，途经很多小行星，精读10—15章，聚焦小王子对"大人们"的描述和评价，思考小王子想要传达什么？[2]

预设：

页码	对"大人们"的表述	小王子想要传达什么？
25页	你说话和那些大人们一样！（对飞行员的表述）	大人很少考虑到孩子的感受，只顾自己
40页	这些大人真奇怪（对国王的表述）	他觉得国王太自以为是了
42页	大人们大概都这么奇怪（对爱慕虚荣的人的表述）	爱慕虚荣其实没有一点儿作用
44页	这些大人实在太奇怪了（对酒鬼的表述）	讨厌某种事物却又不愿意改变，不停地恶性循环
49页	这些人真的奇怪极了（对商人的描述）	毫无意义地忙碌，却不知道自己想要什么
86页	那些人，他们拼命挤进快车里，却不知道自己要找寻什么？（对忙碌人的表述）	无意义地忙碌让生活变得很无趣

提问：通过我们刚才的表格梳理，你认为他为什么没有与这些星球上的人建立起驯服的关联呢？

预设：国王——迷恋权力，渴望支配别人，并通过支配别人来肯定自己。爱慕虚荣者——妄求虚荣，渴望别人奉承自己，并通过要求别人赞美自己来肯定自己。

小结：他们不懂得人与人之间的关系是平等相对的，不懂得用心对待别人，所以

---

[1] 陈晟．小王子的领悟——《小王子》整本书阅读过程推进课教学设计[J]．小学语文教学，2018（8）：2．

[2] 杨燕彩．核心素养下小学语文童话类整本书阅读策略探究——以《小王子》为例[J]．小学语文教学，2018（8）：2．

他们不会与他人建立驯服的关联。

酒鬼——意识到自己的问题，却选择了逃避而非面对改正。

小结：无法面对真实的自己，无法走进自己的内心，不懂得用心对待自己，不会与自己建立驯服的关联。

商人——追逐金钱，渴望占有，并通过占有来肯定自己。

点灯人——忠于自己的工作，却只是机械盲目地执行命令（唯一不可笑，没有只是自己顾自己）

地理学家——忠于自己的工作，却只是教条死板地搜集信息。

小结：不懂得用心对待自己所从事的事业，不会与事业建立驯服的关联。

总结：他们不懂得用心对待自己，不懂得用心对待别人，也不懂得用心对待所从事的事业，所以说，他们是一群不懂得与世界建立起驯服关联的人。[1]

2. 这样的人在地球上很常见。就像作者所说的那样："地球可不是一颗普通的行星！它上面有一百一十一个国王（当然，没有漏掉黑人国王），七千个地理学家，九十万个实业家，七百五十万个酒鬼，三亿一千一百万个爱虚荣的人，也就是说，大约有二十亿的大人。"而见识过大人世界的自私、无味、虚荣、贪婪后，小王子有没有跟他们一样呢？

预设：没有。别人都认为飞行员画的蟒蛇吞象图是顶"帽子"，只有小王子一眼看出是"蟒蛇吞大象"。当飞行员潦草地画出一个箱子来糊弄小王子时，小王子能透过画纸上箱子的小孔看到里面的绵羊。

小结：他们找到了一个"合理"的社会角色，却丢弃了作为自然之子的天性。他们不会再用心建立各种驯服的关系，更不可能在这些关系中找到爱和责任，因而会像那六个星球上的人一样，陷入孤独的泥淖。

3. 现在你们能谈谈自己对"每个大人都曾经是孩子"这句话的理解吗？

预设：任何一个大人，都不可能在年龄和心智上重返童年，但如果他能够一直用心去看某样东西，看那样东西的本质，能够用心与它建立起驯服的关联，那他内心深处的孩子就还在，初心也始终都在。[2]

四、课后思考

对于一本名著的阅读应该是多方面的，除了了解其写作内容和主旨之外，我们还可以怎么写切入？

---

[1] 陈晟．小王子的领悟——《小王子》整本书阅读过程推进课教学设计[J]．小学语文教学，2018（8）：2.
[2] 同上。

1. 为何不直接以小王子的视角讲述这个故事，叙事主人公"我"有什么作用？文章结尾为什么没有明确交代小王子的结局？[1]

2. 《小王子》的情节并非平铺直叙的，而是有曲折起伏之处的，找到这些转折点，试着分析它们对整部作品情节发展的作用。【选】

五、作业布置

校园游春，驯养你生命中的它（类似于小王子驯养红玫瑰、狐狸），要求关注它，了解它，呵护它，书写它。

研读任务单

一、变换叙述角度，重述故事情节

请从小王子自身的角度来简单讲述一下这个故事。

二、聚焦"驯服"——小王子与狐狸、玫瑰

请你带着以下问题，精读第21章，在读到有"驯服"这样的词时，你可以停下来，想一想，写一写批注，可以联系自己的生活。

驯服容易吗？我认为它需要_____

_____

小组合作要求：

1. 精读文章，独立思考，写下你的想法，5分钟。

2. 小组交流汇总 3 分钟。

3. 一人汇报，一人上台记录关键词。

三、小王子与"大人们"

聚焦小王子对"大人们"的描述和评价，探讨小王子想要传达什么。用如下表格梳理出来：

页码	对"大人们"的表述	小王子想要传达什么？

---

[1] 汪怡. 学习共同体模式下的经典阅读教学策略——以《小王子》阅读教学为例 [J]. 语文课内课外, 2020.

他为什么没有与这些星球上的人建立起驯服的关联呢？

_____

_____

你们能谈谈自己对"每个大人都曾经是孩子"这句话的理解吗？

_____

_____

读懂爱　守护爱
——《小王子》阅读交流课

【交流目标】

1. 活动展示，呈现各小组的读书报告和阅读成果。

2. 在探讨交流中，深入理解小王子背后的哲理，在思维碰撞中获得情感上的共鸣。

【交流过程】

一、互动环节

以小组为单位，选定一个小王子访问过的星球，想好台词和动作，模仿着演一演。

选一段电影《小王子》的片段进行配音。

展示宣传海报，向同学推荐这本书，丰富《小王子》图书展的内容。

二、读书报告会

任务：模仿《超级演说家》进行《小王子》读书报告会演讲，演讲时间不超过3分钟。

提示：可从物象隐喻入手，可从哲理语句入手，可从故事叙述视角入手，可从整体阅读感受入手，可跨媒介阅读比同异：观看美国导演马克·奥斯本的动漫影片《小王子》，思考电影与原著之间的异同及其背后的因素。

课前各小组内交流，选出个体代表班级交流，教师点破。

（一）预设：析物象——小王子中的众多意象

（众多意象给文本带来了丰富的象征意义，作者通过象征的艺术手法表达了人生哲理，也使得读者读起来感觉意蕴悠长，每一次读或许都有新的体会，而对于意象的理解未必只有一个固定答案。学生能够从文中提取具体形象的特征，尝试寻找具体形象与意义之间的联系，继而运用抽象思维进行概括分析即可。）

1. 人物意象——"有小王子、飞行员以及其他6个星球上的居民。小王子是无忧无虑的孩童形象，他是整个故事的主角，是纯真质朴的代表。飞行员是书中成年人的代表之一，但他因为保有一颗童心，而可以和小王子沟通，也是书中唯一可以和小王子沟通的成年人。而小王子到达地球之前遇到的6个人——国王、爱虚荣的人、酒鬼、商人、点灯人和地理学家，他们的象征意义各有不同。国王靠颁布命令彰显自己的权力，对一切都要求绝对的服从，我们可以认为它象征着权力专制。爱虚荣的人特别希望别人都崇拜他，它代表着盲目追求虚荣的人。酒鬼为了忘记羞愧而喝酒，却又因为喝酒而感到羞愧，无可奈何的背后是逃避现实。还有贪婪的商人，墨守成规却又忠于职守的点灯人，以及教条古板的地理学家，他们都象征着迷失的人们。"[1]

2. 动物意象——"狐狸和蛇，比如狐狸是智慧的象征，它像一位智者一样，让小王子明白了爱与责任，明白了本质的东西，用眼是看不见的，只有用心才能看见。"[2]

3. 植物意象——"玫瑰花和猴面包树。小王子与玫瑰花之间的关系就如同恋人一般，玫瑰花娇艳动人，小王子心甘情愿地为她做任何事，但却在玫瑰花的一再试探下负气离开，旅途中却又忍不住对玫瑰花的挂念。而猴面包树则象征着欲望，一旦疯狂泛滥则会带来灾难。"[3]

（二）预设：想哲思——哲理语句分享会，【配乐读】选取段落通过朗读把自己领悟到的情感用声音表达出来，推荐更多的人去阅读。并从哲理与诗意两个角度赏析你所喜欢的句子。

片段朗读："最好还是在原来的那个时间来。"狐狸说道，"比如说，你下午四点钟来，那么从三点钟起，我就开始感到幸福。时间越临近，我就越感到幸福。到了四点钟的时候，我就会坐立不安；我就会发现幸福的代价。但是，如果你随便什么时候来，我就不知道在什么时候该准备好我的心情……应当有一定的仪式。"爱，让时间变得无限延长。幸福其实就是心灵的一场演绎。什么是成长，成长就是正视害怕并充分体验害怕，只有穿越害怕的区域才能拓宽自我的边界，才能得到心灵的幸福。

三、学以致用，完成生命的驯养

请在以下三个活动中任选一个撰写微信推送文稿。

1. 某初中文学社阅读交流会。
2. 某校亲子阅读活动。

---

[1] 孙群. 浅析《小王子》里的象征意义 [J]. 文学界（理化版），2012（11）：2.
[2] 同上。
[3] 同上。

《骆驼祥子》 姚玲玲

《红岩》 纪玉丕

《创业史》 管雪琴

《人类群星闪耀时》 高炳洁

《海底两万里》 郑娟娟

《基地》 方海平

《哈利·波特与死亡圣器》 褚淑贞

《蝇王》 潘素婉

下卷

教你如何读名著·上册

骆驼祥子

——老舍

一、作品介绍

【内容简介】

《骆驼祥子》是一部以旧中国北平城里一个人力车夫——祥子为主人公的悲剧作品,其内容具有强烈的现实主义色彩。

农村经济的日益凋敝与衰败,让祥子从农村来到了北平。在此期间,他尝试过各种工作,最后选中了拉洋车。祥子渴望拥有一辆像土地那样可靠的车,渴望通过自己的辛勤劳动,创造出理想新生活。然而,历经三起三落的磨难,祥子还是以失败而告终,他始终未能拥有属于自己的一辆车。而小福子的悲剧,更是抹杀了祥子内心的最后一丝善良,于是他彻底地堕落了。

【作品评价】

《骆驼祥子》的价值在于,它不单是祥子个人的悲剧,而是透过个人延伸到当时整个社会的一种悲剧。作家以凡人凡事为切入口,用富有京味特色的语言,控诉了老北京底层人民充满血泪的生存状态,展现了旧中国黑暗的社会现实。

首先,在千疮百孔的社会中,个人的奋斗无法救赎自我,他必将沦为现实的牺牲品。祥子把买一辆洋车作为自己生活的目标,为此,他付出了很大的努力,这个城市似乎也给了他实现愿望的机遇,让他看到了一丝"新生活"的样子。然而,由于社会环境和命运的捉弄,祥子还是从农村的奋斗英雄沦落为城市的流氓,逐渐成为了一具行尸走肉。小说通过祥子个人奋斗的悲剧,表达对现实生活的不满,以及对社会变革中人性的思考。

其次,《骆驼祥子》揭示了作者对农村与城市碰撞后所呈现出来的人性关系的思考。作品所展示的是一个来自农村的淳朴农民与相对先进的城市文明遭遇后,所产生的心灵碰撞与内心道德的堕落。黑暗的社会现状腐蚀了有梦想、有干劲的祥子,他终于屈服于命运，堕落成一具失去灵魂的肉体。作者显然不仅仅是为了批判现实社会的黑暗及落后的国民性，更深层的意旨是为了反思所谓城市文明之下的人性关系。

二、实施要求

（一）整体把握，选点突破

阅读一部文学名著，首先要整体把握文意，能用简要语言进行故事概述。《骆驼祥子》这本小说讲述了一个普通的人力车夫祥子为实现能拥有一辆自己的车的梦想，经历了三起三落，最终失去了生活的信心，自暴自弃，堕落沉沦的故事。根据小说的文本体式，教师应该指导学生抓住情节的"三起三落"、人物的心理变化与细节描写、"京味语言"的品味，对作品进行理解、感受，再形成对主题的认识以及对人物、对作品的评价。

（二）方法指引，评价促读

1. 一般来说，语文教学常以单篇课文的教学为点，以单元教学为线，从而形成一个教学的整体。而名著阅读教学重在对一部作品的把握，如果只是让学生课后自主阅读，然后进行仿真训练，继而评讲答案，这样的学习是收效甚微的。教师只有通过课堂适当的点拨，帮助学生梳理情节、明晰脉络，整部作品才可以化繁为简，才可以为下一个教学的预设做好铺垫。因此，教师应引导学生在梳理的过程中，充分了解作者的行文思路，了解作者据此谋篇布局，多角度展示人物性格的方式方法。通过问题指导的方式来引导学生多角度梳理全书的主要情节。

2. 指导学生充分利用圈点批注法进行阅读，在字里行间随时记录自己的点滴感受，将名著中经典片段、精彩描写进行摘抄，并做好阅读记录卡。

3. 教师可通过评选阅读之星、读书交流会、名著片段再现表演等方式，来评价学生的阅读成果，激发学生阅读名著的兴趣，同时也可以促进阅读活动的深化，促使学生在活动中更深入地理解名著，从而产生阅读成就感，达到以"法"引"读"、以"评"促"读"、以"读"促"思"的目的。

（三）利用多媒体，激发兴趣

1. 能结合多媒体网络技术让学生通过对名著的阅读、欣赏和对环境描写的分析，培养学生搜集、整理、处理信息的能力。让学生感受到名著的魅力，读名著不再枯燥。另外，《骆驼祥子》的故事发生在特定背景之下，因此借助多媒体让学生了解创作背景就显得尤为重要。

2. 教师可打破传统只重书本的名著阅读方法，让学生观看《骆驼祥子》中"在烈日下"的影片片段，使学生有耳目一新的良好视觉感受，更利于和小说在塑造人物形象上进行比较。

三、阅读攻略

【方法指导】——圈点批注法

1. 深思熟虑，有的放矢。圈点批注，要注意在理解文章的基础上进行。读过某一个章节，先要经过思考，找出重点难点，决定哪些地方应该圈点，哪些地方应该勾划，哪些地方要加注，哪些地方要加批，然后再动笔墨。如果在似懂非懂的情况下，就乱划一气，胡批一通，反而会影响对文章的深入理解。

2. 圈点使用的符号应该是固定的，不要随意改换，符号的种类也不宜过多，这样才能保证一打开圈点过的书就能看明白。还要注意圈点和勾划的地方不可过多，通篇都加了五花八门的记号，反而看不出哪里是重点了。

3. 批注应该做到既言之有物又简明扼要。批语要有分析，不管是褒是贬，都应该说出点根据来。随便加上一些"好""绝妙"或"废话""胡说"之类的话是没有用处的。批语不应过长，啰哩啰嗦地说不到点子上也不好。

【阅读安排】

《骆驼祥子》是现代文学史上的经典，课堂上学到的只是这部名著的冰山一角，只是一个"引子"，一把"梯子"，真正的阅读，还是在课外，还是靠自主。

1. 上网查阅资料，了解作者及其代表作品，了解主要内容，感知人物形象。

2. 在阅读中划出自己认为写得好的句子、片段，并在旁边写批注。批注可以从人物刻画的方法、修辞方法、语言特点等方面去考虑，也可从自己在读中产生的感想去写。

3. 制订《骆驼祥子》每日读书计划

要求：（1）表格形式；（2）四周读完；（3）计划每日的读书任务；（4）周一小组交流。

第一阶段：

任务：读故事，理情节，析人物。

方法：略读为主，精读略读结合，圈点勾画。

时间		阅读章节	回答问题
第一周次	周一	第一章　初到北平，祥子攒钱买车 P1—10 第二章　连人带车被抓，牵上骆驼逃跑 P11—18	1. 第一章祥子是怎样的人？请举例。 2. 祥子是如何获得逃跑机会的？
	周二	第三章　卖掉骆驼，重返北平 P19—28 第四章　重回车厂，攒钱买车 P29—36	3. 祥子外号的由来及深层含义。 4. 祥子为什么不拉刘四爷的车还可以住他的车厂？
	周三	第五章　拼命拉车，怒辞杨宅 P37—45 第六章　虎妞诱骗，祥子逃离 P46—55	5. 祥子在杨家除了拉车还做什么事？ 6. 举例说出虎妞的性格特点。
	周四	第七章　曹宅拉车，不慎摔车受伤 P56—64 第八章　热心高妈，虎妞来访 P65—73	7. 曹先生是怎样的人？ 8. 高妈帮助祥子出了什么主意？
	周五	第九章　虎妞假孕，祥子落入陷阱 P74—81 第十章　老马爷孙，想到未来 P82—90	9. 虎妞是如何打婚事的如意算盘的。 10. 老马的今天就是车夫们的明天，这揭示了车夫们怎样的命运？
	周六	第十一章　曹宅遇险，孙侦探敲诈 P91—99 第十二章　王家避险，离开曹宅 P100—108 第十三章　四回车厂，筹备寿宴 P109—118	11. 简述孙侦探敲诈祥子的经过？ 12. 祥子最终为何没去曹家偷东西？ 13. 筹备寿宴时，祥子埋头干活真是要巴结刘四爷吗？
	周日	第十四章　计划落空，父女决裂 P119—127 第十五章　祥子成婚，商量出路 P128—137 第十六章　贫苦杂院，重新拉车 P138—147	14. 父女决裂时，刘四爷对虎妞、祥子各持什么态度？说说他的性格特点。 15. 虎妞和祥子对婚后的生活各持什么样的态度？ 16. 说说大杂院人们生活的状况
第二周次	周一	第十七章　虎妞买车，小福子回家 P148—157 第十八章　脏乱杂院，烈日暴雨 P158—166	17. 虎妞为什么买二强子的车？ 18. 说说祥子在烈日暴雨下拉车的感受
	周二	第十九章　祥子生病，虎妞难产 P167—176 第二十章　买车葬妻，夏宅拉车 P177—186	19. 虎妞的死因是多方面的，除了难产还有什么原因？ 20. 说说祥子的"三起"和"三落"
	周三	第二十一章　祥子被诱，染上脏病 P187—196 第二十二章　曹先生收留，重燃希望 P197—206	21. 祥子染上脏病后变成了怎样的人？ 22. 祥子战胜刘四爷指什么事情？
	周四	第二十三章　老马丧孙，小福子受辱自尽 P207—215 第二十四章　出卖阮明，行尸走肉 P216—224	23. 小福子的死对祥子意味着什么？ 24. 梦想破灭以后，祥子变成怎样的人？

第二阶段：

任务：结合背景，研究主题。

方法：静心细读，进入情境，摘抄并批注。

时间		精读章节	完成任务
第二周次	周五	第一章 初到北平，祥子攒钱买车 P1—10	1. 解释疑难字词。 2. 摘抄好词好句。 3. 画出人物和章节情节的思维导图。 4. 分析艺术手法。 5. 谈谈阅读感受
	周六	第二章 连人带车被抓，牵上骆驼逃跑 P11—18 第四章 重回车厂，攒钱买车 P29—36	
	周日	第八章 热心高妈，虎妞来访 P65—73 第九章 虎妞假孕，祥子落入陷阱 P74—81	
第三周次	周一	第十章 老马爷孙，想到未来 P82—90	1. 解释疑难字词。 2. 摘抄好词好句。 3. 画出人物和章节情节的思维导图。 4. 分析艺术手法。 5. 谈谈阅读感受
	周二	第十二章 王家避险，离开曹宅 P100—108	
	周三	第十四章 计划落空，父女决裂 P119—127	
	周四	第十五章 祥子成婚，商量出路 P128—137	
	周五	第十八章 脏乱杂院，烈日暴雨 P158—166	
	周六	第二十三章 老马丧孙，小福子受辱自尽 P207—215 第二十四章 出卖阮明，行尸走肉 P216—224	

第三阶段：

任务：评价性阅读，专题探究

方法：查找资料，读与思结合

时间		方式	探究专题
第四周次	周一 周二 周三	1. 撰写读书心得 2. 小组合作探究 3. 电影与文本对比交流会	1. 祥子的悲剧成因是什么？ 2. 品析片段《烈日下》的环境描写 3. 探究《骆驼祥子》中的两位女性形象

《骆驼祥子》阅读记录表

【要求】

1. 按照阅读计划自主阅读，也可根据自己的实际情况适当调整阅读量，但最终完成时间要与班级阅读计划相一致。

2. 在阅读中要自觉运用圈点批注法进行阅读，尤其是第二阶段的阅读，对小说进行精读。

3. 要有条理地呈现自己的阅读结果，并要概括或引用原文的具体内容（比如页数、某一段/句）作为依据证明你的阅读发现。

问题记录	
阅读发现	
你的疑问	

【阅读评价】

一、评选阅读之星

要求：（1）批注恰当；（2）摘抄全面；（3）问题有价值；（4）读后感体现个性。

二、课堂展示

1. 组长对每个组员的参与情况及汇报过程中的优缺点进行记录与评价。

2. 教师可对每个小组汇报过程中的优缺点进行针对性的指导，并对小组展示评定等级。

《骆驼祥子》课堂记录表

课题：_____ 时间：_____ 组别：_____ 组长：_____

组员	前置性作业反馈		课堂参与反馈				总评
	问题记录	幻灯片制作	课堂发言	课堂质疑（问题记录）	问题解决	班级展示	

学习活动总结（体会/反思）：

小人物的奋斗史

——《骆驼祥子》导读课

【导读设想】

《骆驼祥子》是老舍的代表作，写于抗战前夕。讲述的是1920年旧北京一个人力车夫的故事，因故事发生的时间距离学生较远，特安排课前导读，力求通过不同角度来激发学生的阅读兴趣。本课通过介绍作者和创作背景来激趣，以猜想环节来梳理人物关系、故事情节，以此激发学生的阅读兴趣。在赏析小说片段时，通过个性语言及欣赏电影片段，来分析人物的形象。最后，探讨读书方法，制定切实可行的读书计划。

【导读目标】

1. 了解作品的作者和主要内容，初步感知人物形象。

2. 检查阅读情况，交流课外阅读心得。

3. 培养初读文学作品的欣赏能力，养成课外阅读的好习惯。

【导读重点】多角度介绍《骆驼祥子》，激发阅读兴趣。

【前置性作业】

要求学生课外阅读《骆驼祥子》一书，并且做好：

1. 上网查阅资料，了解作者及其代表作品，了解主要内容，感知人物形象。

2. 在阅读中用笔画出自己认为写得好的句子片段，并在旁边写批注。批注可以从人物刻画的方法、词语的使用、修辞方法的使用、语言上的特点等方面去考虑，也可从自己在读中产生的感想去写。

3. 全书共有24章，每天读1—2章，争取三个星期读完。各学习小组成员之间做好督促检查工作。各组长总结一个精彩片段赏析。

（预设学生行为阅读并做好批注，小组督促检查并交流。）

【设计意图：教师先行，确定主题，激发兴趣。】

【导读过程】

一、导入

2012年10月份我国迎来举国欢庆的文学盛事，那就是莫言获得了诺贝尔文学奖。这是我们国家第一次获得诺贝尔奖，其实曾经有一位中国作家和诺贝尔文学奖近在咫尺，却又擦肩而过。据说，1968年的诺贝尔文学奖原是要授予这位中国文豪，后经查此人已经去世。而诺贝尔奖只授予在世的人，于是授给了同为亚洲作家的日本的川端康成。这位中国文豪就是老舍，老舍的魅力究竟在哪里？今天我们就一起走进老舍和他的《骆驼祥子》。

【设计意图：让学生思考老舍有关知识，激发兴趣，引入主题】

二、导读竞答：你对这部名著了解多少？

具体内容见PPT。

【设计意图：以竞猜形式初步检测学生对文章的熟悉程度，并以此了解学生的课外阅读情况，激发阅读兴趣。】

三、作者简介及背景介绍

1. 了解作者

初一的时候我们学过老舍的作品《济南的冬天》，对老舍先生有了初步的了解，现在我们来看看你们了解到的作者情况。

(学生根据预习所搜集的资料进行回答。)

教师小结：老舍（1899—1966）现代著名作家。原名舒庆春，字舍予，满族人。曾任北京十七小学校长、天津南开中学语文教员。1937年，他的代表作《骆驼祥子》问世，被译成十几种文字，产生较大的国际影响。由于他的勤奋创作，解放后写了20多个剧本，被誉为文艺队伍中的劳动模范，人民艺术家。1966年去世，终年67岁。

2. 背后故事

1936年春天，一位朋友不经意地给老舍谈起了他所雇用的一个车夫。这个车夫自己买了车，又卖掉，如此三起三落，到最后还是受穷。老舍的朋友随后又说起另外一个车夫的故事，车夫被军队抓去了，哪知因祸得福，他乘着军队转移之际，偷偷地牵回三匹骆驼。老舍决定把车夫和骆驼结合到一起，把主人公放到了自己熟悉的北平。这便成为骆驼祥子故事的原型。

【设计意图：学生介绍收集的资料，调动学生课堂参与积极性；教师适时补充学生未了解的内容，让学生对文本的理解更深入。】

四、小说内容感知

祥子是人力车夫，没有父母，没有兄弟姐妹，到了城里后，没一个熟人，那么，这样一个车夫，会有哪些社会关系呢？

猜想预设：主雇、同行、婚姻、爱恋及其他。

(一) 梳理人物关系：

骆驼祥子人物关系
- 父女关系：刘四爷和虎妞
- 主仆关系：曹先生、曹太太和高妈
- 师生关系：曹先生、曹太太和阮明
- 夫妻关系：祥子和虎妞
- 主雇关系：祥子和刘四爷，祥子和曹先生、曹太太
- 爱恋关系：祥子和小福子
- 同行关系：祥子和二强、老马

(二) 梳理故事情节：

请根据小说内容填写下列表格，梳理小说的情节结构，赏析老舍的叙事艺术。

年龄	22岁	23岁	24岁	26岁
祥子经历	起（买了属于自己的车）			落（虎妞难产、卖车——_____——_____）

小结：祥子的人生经历了_____起_____落，而_____岁时的经历所占用的叙事时间尤为多，作者这样安排的用意是：_____

明确：命运三部曲：精神向上—不甘失败—自甘堕落（希望—挣扎—毁灭）

【设计意图：利用教材中的导读文字，让学生掌握主要信息，建立新旧知识联系，为精读打基础。】

五、创作腰封

师：今天，我们通过初读这本书，了解了这本书的内容、人物、主题等。下面，我们大胆尝试一下，自己来给本书做腰封，你会选什么图画、文字等。

材料链接：腰封也称"书腰纸"，图书附封的一种形式，是包裹在图书封面中部的一条纸带，属于外部装饰物。腰封上可印与该图书相关的宣传、推介性文字。

学生进行创作构思：

生1：我选的画面是祥子拉车的背影，书名定为《一个悲惨的拉车人》。

生2：我选祥子抬头看苍天的画面，寓意是他好像在问老天为啥对自己这么不公平，书名是《我的车夫之路》。

生3：我选春天的柳枝上站着一只小鸟，柳枝下是一辆空车。意思是春天到了，拉车人却不见了。书名定为《梦想破灭记》。

【设计意图：采用腰封设计的活动方式，让学生进一步理解文本，让学生在活动中激发对名著阅读的兴趣，为接下来的精读文本打基础。】

六、结束语

祥子从爱车到恨车，中间到底经历了哪些大事？老舍先生又会用怎样的语言来描述祥子的这些经历和心理？让我们从今天开始，追随老舍的文字，走进一个车夫的悲惨世界，欣赏一段旧北京的社会剪影。

在烈日下
——《骆驼祥子》研读课

【章节分析】

本文选自《骆驼祥子》第十八章。祥子为了养家糊口，不得不拼命拉车。天气影响着人力车夫的生计甚至性命，课文具体描绘了祥子在烈日下拉车的场面。本文景物描写十分成功，抓住景物特征多角度有层次地来写。通过对祥子痛苦艰难的生存状况的真实描写，反映了老北京底层小人物的悲惨命运，揭露和控诉了社会的黑暗和残酷，表达了作者对社会底层劳动者深切的同情。

【研读设想】

1. 以"烈日下"这一精彩的环境描写为例子，引导学生在读小说时不要忽略了其中的精彩片段。

2. 观看《骆驼祥子》中"在烈日下"的影片片段，让学生有良好的视觉感受，更利于和小说在塑造人物形象上进行比较。

【前置性作业】

1. 学生课前分组在网上搜索、筛选这本书前言中的相关内容制成简单的幻灯片展示，然后在课上分享。

2. 要求学生用圈点批注法阅读片段《在烈日下》。

【研读目标】

1. 学习借鉴小说中以自然环境的描写烘托人物的写法。

2. 通过对名著的阅读、欣赏和对环境描写的分析，培养学生搜集、整理、处理信息的能力。

3. 阅读名著，感悟主题，体会旧社会最底层劳动人民的悲苦；体验文学作品的魅力，逐步培养学生的艺术欣赏力。

【研读重点】学习运用自然环境描写来烘托人物的手法，体会细致形象的描绘。

【研读难点】理解旧社会城市贫苦车夫所受的剥削、压迫和痛苦生活。

【研读过程】

一、导入

播放《骆驼祥子》的片尾曲《四季风》，请大家留意画面和歌词，从中传递出了哪些信息？这部电视剧，是由哪部作品改编而来的？读了的同学，能跟大家说一说这本书的影响力吗？

【设计意图：片尾曲的播放，学生一下子就能从画面和歌词中，找到关键信息点，比如老北京、车夫、贫穷等，自然而然地引入名著《骆驼祥子》。引出学生交流环节，激发学生的阅读兴趣。】

二、学生交流

学生课前分组在网上搜索、筛选这本书前言中的相关内容制成简单的幻灯片展示，然后分享。

第一组同学搜集故事梗概。

第二组同学搜集别的读者对这本书的评价。

第三组同学搜集《骆驼祥子》取得的社会赞誉。

第四组同学搜集《骆驼祥子》的社会影响。

【设计意图：通过四人小组合作探究的方式，回顾《骆驼祥子》的故事情节，并初步了解名著的相关信息，培养学生搜集、整理、处理信息的能力。】

三、细节探微

以作品中"在烈日下"这一片段为例，分析小说中环境描写对人物命运发展所做的铺垫，引导学生不要错过小说的精彩片段。

1. 浏览选文，用简短的话概括选文。（烈日下拉车）

2. 选文突出了一个什么字？（热）

3. 怎样来表现热的呢？

描写方法：正面描写，侧面描写；有声、有色、有味。

修辞手法：拟人、比喻、夸张、排比。

4. 讨论：环境的描写目的是什么？

衬托祥子拉车生计的辛苦，尤其是心理矛盾包含了多少痛苦和辛酸，景物描写是为了反映人物的心理和性格，推动情节的发展，揭示主题。

5. 角色扮演（小组合作）

假如你是一位记者，请你采访一下祥子，谈谈在烈日下的感受，找出文中相关语句，并朗读相关语句，体会祥子的心情。

（心情矛盾：胆怯、还想拉；跑，喘不过气来，不跑，手和背要晒裂；不敢再动，又坐不住；不敢出去，又想出去；出去试，才晓得错了；不想再喝水，又灌了一气；想吃点什么，看见食物恶心——在这矛盾之中，饱含了多少痛苦与辛酸。）

6. 观点分享

学生网上搜索别人对"在烈日下"的评价，学生整理结合自己的观点后分享。

四、观看电影片段《在烈日下》

观看电影"在烈日下"这一片段，分析电影和文学作品塑造人物形象的方法有什么不同。

【设计意图：让学生有良好的视觉感受，更利于和小说在塑造人物形象上进行比较。】

五、小结

经过一节课的学习,我们都知道了《骆驼祥子》这部名著中景物描写十分成功,作者能抓住景物特征,多角度有层次地对旧社会人力车夫祥子痛苦艰难的生存状况进行真实描写,反映了老北京底层小人物的悲惨命运,揭露和控诉了社会的黑暗和残酷,表达了作者对社会底层劳动者深切的同情。

六、作业

用同样的阅读方法阅读"暴雨下"这一片段,结合别人的评论写一则300字左右短评。

不同的人物　同样的悲剧

(探究《骆驼祥子》中的两位女性形象)

——《骆驼祥子》阅读交流课

【学情分析】

学生名著阅读的兴趣不是很浓,大多数是任务式学习,部分学生可能未读完整本作品。人物形象的分析上大多集中在主人公祥子或虎妞身上,而对于虎妞的思考角度也主要集中在虎妞的爱情与性格上,对于女性悲剧命运的思考较少。

【交流目标】

1. 通过课堂交流把握虎妞及小福子的人物形象。
2. 探究造成两位女性悲剧命运的原因。

【交流重点】 客观分析人物性格,注意人物性格的异同。

【交流难点】 探究造成两位女性悲剧命运的原因。

【前置性作业】

1. 梳理小说中与虎妞、小福子相关的故事情节;小组分角色排演自己感兴趣的一个片段。
2. 在阅读中运用圈点批注法阅读,并能根据小组探究的问题提出自己的疑问。
3. 小组根据探究主题讨论并制作PPT进行展示。

> 探讨主题：1)分析虎妞和小福子的性格特点。
> 　　　　　2)探讨造成两个人物悲剧性命运的原因。

【交流过程】

一、导入

名家说，读书时要深思多问。只读而不想，就可能人云亦云，沦为书本的奴隶；或者走马观花，所获甚微。《骆驼祥子》的阅读已经接近尾声，为了让同学们分享阅读的快乐，提高阅读的深度，今天我们将举办主题为"不同的人物　同样的悲剧"的读书交流活动。

二、情节梳理

1. 虎妞：（1）遇见祥子前：替父亲打理车厂。

　　　　（2）遇见祥子后：引诱祥子—假孕骗婚—违命结婚—难产而死。

2. 小福子：被卖给军官—被军官抛弃—回家卖身养家—上吊自杀

【设计意图：以游戏竞猜的方式，让学生说出有关人物，联系故事情节谈谈对人物的认识，进入文本，调动学生的学习兴趣。】

三、名著探讨小组展示

要求：

1. 分工合作

组员先独立阅读后完成，组长整合组员的阅读结果填写"前置性作业反馈"，并制作3—4张幻灯片向全班汇报。

2. 课件制作要求

①内容：要立足于成员作业，而非百度搜索，否则失去阅读、思考的意义；标题幻灯片拍摄全组的这张作业组合成一张，呈现完成情况；内容幻灯片3—5页，内容侧重于观点和理由的呈现，文字打在幻灯片上。

②格式：字体大小，颜色不要太花哨，或者颜色太浅；以横排为主，便于观看，尽量不要竖排，重点内容要颜色突出。

3. 课堂展示

①方式灵活：可将课件展示与"前置性作业"中排演小说片段相结合，也可分角色朗读精彩片段展现人物特点等。

②组长对每个组员的参与情况及汇报过程中的优缺点进行记录与评价。

教师可对每个小组汇报过程中的优缺点进行针对性的指导，并对小组展示评定等级。

《骆驼祥子》课堂记录表

| 课题： | 时间： | 组别： | 组长： |

组员	前置性作业反馈		课堂参与反馈				总评
	问题记录	幻灯片制作	课堂发言	课堂质疑（问题记录）	问题解决	班级展示	

学习活动总结（体会/反思）：

四、其他小组点评、质疑

预设问题：

1. 虎妞为什么喜欢祥子？而且费尽心机和他结婚？

2. 虎妞为什么会难产而死？

3. 如果虎妞没难产而死，她和祥子的结局是美好的吗？

4. 祥子既然喜欢小福子，为什么不在虎妞死后娶她？

五、教师小结

1. 提炼人物分析方法

（操作时可根据学生回答的时机来小结提炼方法）

扣情节、知背景、晓作者、看家庭、抓性格

2. 小结：

明代于谦在其《观书》中这样写道："活水源流随处满，东风花柳逐时新。"好了，我们刚才通过分析交流虎妞和小福子这两个人物的形象及其命运悲剧的根源，我想大家对这些问题一定有了自己新的看法和见解。下面就请大家根据今天的讨论结果，选取一个角度写成500字左右的小论文。

红　岩

——罗广斌　杨益言

赞歌红岩　赞美英雄

一、作品介绍

《红岩》以史实为主要题材，塑造了江姐、许云峰、成岗等一大批可歌可泣的英雄人物。故事发生在解放战争末期，即1948—1949年，重庆地下党工人运动书记许云峰命甫志高建立沙坪书店，作为地下党备用联络站。江姐受上级派遣到华蓥山参与党的革命工作。由于他人告密，许云峰、成岗、余新江和刘思扬等人相继被捕。由于甫志高叛变，江姐不幸被捕，被关押在渣滓洞里。在狱中，他们坚持和敌人顽强斗争。重庆解放前夕，反动统治者实施杀害行动，许云峰、江姐、成岗等人被残忍杀害。与此同时，渣滓洞和白公馆同时举行暴动，一部分革命同志冲出了牢狱，获得了新生。

《红岩》作品细致刻画了江姐、许云峰、成岗等一群坚韧不拔、视死如归的英雄群像，表现了他们感天动地的英雄气概以及崇高的思想境界、坚定的理想信念和巨大的人格力量，被称为"黎明时刻的一首悲壮史诗"。阅读《红岩》，既是在品读艺术，又是在感悟历史。《红岩》作品一经面世，立即引起轰动，先后被改编成电影《烈火中永生》和歌剧《江姐》等。书籍从1961年出版至今，印刷177次，发行量超过1170册，还被译成多国文字发行，成为震撼人心的红色经典。该书被中宣部、文化部、团中央命名为百部爱国主义教科书。

二、实施要求

《红岩》导读设计大体思路如下：教师制订"通读指导"的任务方案，引导学生通读全书。学生在阅读任务单指导下完成整本书阅读，教师组织学生围绕阅读任务单的内容进行小组讨论、全班交流。接着围绕主要任务，在课堂上进行重点突破，达到导读的预期目标。

专题一：《红岩》导读课——读英雄群像　感特殊情怀

专题二：《红岩》研读课——创微影小作　悟英雄大义

专题三：《红岩》交流课——为英雄立档　赞红岩精神

本方案由三大专题构成，整体把握提取重要信息内容要点，抓住典型情节，鉴赏人物的性格，感受革命者崇高精神品质的阅读策略，每个专题都有任务指导，专题的内容选择来源于教材中的名著导读，每个专题的设计都努力向教学设计项目化、活动化，努力体现阅读的核心价值。最大的亮点是微电影创意单的设计和为英雄人物立档，让学生带着创意、思考去表达、去呈现、去感悟，深入作品精髓，触动心灵体验，感悟精神真谛。

三、导读攻略

借助老师制订的任务单阅读全书，在阅读任务单指导下完成整本书阅读，围绕阅读任务单内容进行小组讨论、全班交流。抓住重点，突破难点。

教学课型	主要内容	设计意图
导读课	在阅读任务单指导下完成整本书阅读。围绕阅读任务单内容，结合微电影小项目，进行小组研讨，个性交流	1. 借助阅读指导初步了解文本内容。2. 借助微电影创意单，个性化深入文本，为领悟作品内涵奠定基础
研读课	1. 借助微电影创意单设计，寻找最令你感动的人物、情节、诗歌等。2. 通过个性化展示微电影创意单，对比感悟革命者和敌人的不同表现。3. 挑选最精彩人物描写细节片段，感受英雄人物的情感世界	1. 借助微电影创意单小项目指导、合作、展示，通过精彩场景多个角度立体化呈现人物形象，感受先烈们的爱国精神。2. 在品悟、研讨、创意合作表达中深入理解《红岩》主题
交流课	1. 为人物制作历史档案。2. 为人物制作思维导图。3. 结合英雄事迹，评价心中的英雄人物。4. 领悟《红岩》作为红色经典的意义和价值。5. 课后创设项目化微影片或微影剧的实施	1. 借助为英雄人物立档案，深化对人物思想的理解和对红岩精神的把握。2. 学会借助微影单、评价表、思维导图个性展现人物形象。3. 深入思考《红岩》对人生、社会的有益启示

读英雄群像　感特殊情怀
——《红岩》导读课

【设计意图】

学生通读《红岩》第一遍，进行第一堂导读课。借助导读纲要中主要引导问题与表格内容，引导学生对故事的人物、情节、作品的特色进行初步阅读。

【导读目标】

1. 通读作品，了解作品主要内容和主旨精神。

2. 抓住各章节重点问题展开阅读，完成阅读导读单。

3. 借助导读单梳理文本中的人物，提高提取信息的能力。

4. 认识《红岩》作品的作者、地位影响、作品艺术特色等。

【导读重点】

借助任务单梳理文本中的人物，初步感知英雄的人物群像，提高提取信息的能力。

【导读过程】

一、导入：《红岩》这部小说有什么特殊性？

1. 作者特殊：作者是罗广斌（1924—1967）和杨益言（1925—　），他们被捕后，被分别关在重庆歌乐山下"中美合作所"军统集中营的白公馆和渣滓洞。他们亲身经历了光明与黑暗的生死搏斗，并且作为幸存者和最直接的见证人，在1959年写作了革命回忆录《在烈火中永生》，并在此基础上，进一步搜集整理先烈们的斗争事迹，加以集中、提炼、进行艺术再创造，写出了气势恢宏的长篇小说《红岩》。

2. 地位特殊：《红岩》是当代文学中一部优秀的革命英雄传奇，体现了"老一辈无产阶级革命家、共产党人和革命志士的崇高思想境界、坚定理想信念、巨大人格力量和浩然革命正气"。它真实记录了中国革命在取得胜利的历史关头，光明与黑暗的殊死斗争。《红岩》被称为"黎明时刻的一首悲壮史诗"，"最生动的共产主义教科书"，被中宣部、文化部、团中央选入"百部爱国主义教科书"。

二、走进作品精彩导读

1. 导读作品中典型人物形象

《红岩》主要成就是塑造了许云峰、江姐等一系列英雄群像。阅读时，应结合故事情节，走进这些英雄的内心，感受其精神品质。

导读单1：请罗列作品的主要人物，并归纳人物的主要故事，填写下表。

人物	主要故事
江姐	在赴华蓥山途中，她看到城墙上悬挂着丈夫的头颅，虽然悲痛欲绝，但为了不暴露身份，仍旧镇定自若地去与双枪老太婆会面。狱中与敌人顽强抗争，带头绣红旗。对党忠诚，从容就义
余新江	浓黑的眉下，深嵌着一对直视一切的眼睛。他不过二十几岁，可是神情分外庄重，比同样年纪的小伙子，显得精干而沉着
……	

设计练习：猜猜他们是谁？

人物	主要故事
	他是潜伏最深的共产党员，忍辱负重、忠贞不屈。因装疯卖傻而被特务称为"疯老头"，被关押在白公馆，为渣滓洞、白公馆越狱做出巨大贡献
	他几个月大时就随父母被囚禁在"白公馆"，在敌人的监狱里长大。头很大，身体纤瘦，经常帮大人做秘密工作，遇害时不满9岁
	华蓥山纵队司令员，是一位传奇人物，善使双枪，令敌人闻风丧胆、恐慌不安
	他是来自资本家家庭的共产党员，负责《挺进报》的收听、抄录工作；在监狱中同敌人进行了不屈不挠的斗争
	他以顽强的意志在潮湿阴森的地窖里用手指挖通了石壁，把越狱的通道留给了同志们。自己则带着对胜利的坚定信念从容就义
	加入组织，开办书店，尽心尽力，但急于扩大规模，对批评不以为然，被捕，为保全自己的性命成为叛徒，丢掉了党的信仰、道义，出卖自己，告密许云峰、成岗、刘思扬等人，主动请命，抓捕江姐，成为诱饵被处决

（明确：1. 华子良；2. 小萝卜头；3. 双枪老太婆；4. 刘思扬；5. 许云峰；6. 甫志高）

2. 导读作品中典型英雄行为

导读单2：哪些共产党员的英勇行为给你留下了深刻的印象？请你完成下表。

人物	精彩片段摘抄	性格品析
江姐	江姐轻蔑地瞟了一下枪管，她抬起头，冷冷地对着叛徒狰狞卑劣的嘴脸，昂然命令道："开枪吧！" 一根，两根！……竹签深深地撕裂着血肉。 江姐高高地亮开红旗，无畏的声音里充满着幸福的感情："让五星红旗插遍祖国每一寸土地，也插进我们这座牢房。"	坚毅、刚强 坚忍不拔 信念坚定
余新江	贴胸的衣袋里，装着一小块硬东西。余新江小心地取了出来，是一颗红色的五角星。这颗晶亮的红星，同牢房的战友，谁也没有见过。珍藏在胸口，珍藏在他的心间	正直、勇敢 信念坚定
成岗	这时，小门已经被包围，楼底下布满了特务。成岗转过来，几支手枪对准他的胸膛。 "哈哈，你是成岗，许云峰的交通员'同志'？成岗咬着牙，没有讲话。一个特务冲过来。死力夺下成岗挟着的《挺进报》。 他的身体不再接受神经的指挥，叫不出声，挣扎不动，像飘浮在软绵绵的云雾之上；"我什么也没有看见！"成岗怒吼起来，"除了在光天化日之下不敢露面的妖魔鬼怪！"	冷静、坚强 毫不畏惧
……		

129

3. 导读作品中革命诗情

诗歌一：

> 任脚下响着沉重的铁镣，
> 任你把皮鞭举得高高，
> 我不需要什么"自白"，
> 哪怕胸口对着带血的刺刀！
> 人，不能低下高贵的头，
> 只有怕死鬼才乞求"自白"；
> 毒刑拷打算得了什么？
> 死亡也无法叫我开口！
> 对着死亡我放声大笑，
> 魔鬼的宫殿在笑声中动摇；
> 这就是我——
> 一个共产党员的"自白"，
> 高唱凯歌埋葬蒋家王朝。

诗歌二：

> 为人进出的门紧锁着，
> 为狗爬出的洞敞开着，
> 一个声音高叫着：
> ——爬出来吧，给你自由！
> 我渴望自由，但我深深地知道——
> 人的身躯怎能从狗洞子里爬出！
> 我希望有一天
> 地下的烈火，
> 连这活棺材一齐烧掉，
> 我应该在烈火与热血中得到永生！

问题：

（1）请有感情朗读诗歌，诗歌写了什么内容？表达了怎样的情感？

（2）作品中有很多的诗歌，有名人的诗，有战友的诗，也有叶挺将军的诗等。

4. 导读作品中典型环境描写

> 特务拉开铁门，反复查看每间牢房，单调的点名的呼号声，像凶残的野兽，在荒山野谷中号叫。夜空繁星闪烁，天边卷起一片乌云。又黑又闷，屋顶像一口铁锅，死死地扣在头上，叫人透不过气。蚊虫嗡嗡地夹杂在呻吟声中，一群群地，呼啸着，穿过铁签子门缝，潮水似的涌了进来。赤条条地躺在楼板上的，被灼燥、闷热、刑伤和病魔折磨倒了的、连血液都快要干涸的人们，听任蚊虫疯狂地进攻，连挥动手臂驱赶它们的力气都没有了。
> ……

问题：

（1）环境描写与人物塑造之间有着怎样的关系？

（2）寻找《红岩》作品几处典型环境，体会环境描写对人物形象的塑造产生的有力烘托作用。

三、作业布置

1. 摘抄或记录读书笔记或记录阅读随想。

认识你最难忘的人物；寻找最惨绝人性的施刑事件；发现最精彩的就义片段场景；发现革命者与敌人最勇敢的对抗，感受最振奋人心的英勇情怀……

2. 微影创意单任务：为英雄革命者制作微影创意单，请选取典型事件、典型画面、典型语言，或概括或摘录文章精彩段落，完成下表。

《红岩》作品人物微影创意文本单

人物	典型事件	典型画面	人物性格	经典语录

创微影小作　悟英雄大义

——《红岩》研读课

【设计意图】

学生在导读课后，依据教师布置的作业进行课前阅读，进行研读课指导，让学生抓住最重要的人物，最重要的事件，最难忘的故事画面，最振奋人心的狱中诗歌来品读与讨论，走进《红岩》人物故事，走进《红岩》精彩场景，走进《红岩》诗歌，感受《红岩》精神。

【研读目标】

1. 借助微影创意单，感悟精彩细节片段感受人物的革命品质。

2. 通过品味关键词句、重要段落，品析人物形象，提高鉴赏评价能力。

3. 通过研讨品读、合作展演，深入了解革命者的精神境界。

【研读重点】借助精彩细节片段感受人物的革命品质。

【研读难点】通过研讨品读、合作展演，深入了解革命者的红色革命精神境界。

【研读过程】

一、问题引入

《红岩》最震撼你心灵的是哪些人物、哪些故事、哪些画面、哪些精神？

让我们借助微影创意单一起去寻找、去研究、去表达、去展示。

二、学生课前《红岩》作品人物微影创意展示

人物	典型事件	典型画面	人物性格	经典语录

三、借助微影单，一起研读典型人物

问题：假如我们要拍摄一个表现英雄事迹的微电影，你会选择哪些人物？哪些场景？为什么？学生展开英雄人物微影创意单交流。

（一）微影创意单形式之一：多情境多角度

1. 英雄人物——江姐

典型事件	典型场景	人物性格	经典语录
丈夫牺牲	江姐看到城墙上悬挂着丈夫的头颅，虽然悲痛欲绝，但为了不暴露身份，仍旧镇定自若地去与双枪老太婆会面。英勇投入到战斗中去	对革命事业无比忠贞、坚强不屈	"毒刑拷打是太小的考验，竹签子是竹做的，共产党员的意志是钢铁做的。" "乌云遮不住太阳，冰雪锁不住春天，铁牢关住了战士的身体，关不住要解放的心愿。"
狱中受刑	在监狱中受尽严酷折磨，敌人用竹签扎入她手指等，但她绝不屈服	坚贞不屈、英勇无畏、具有钢铁般的意志	
狱中绣红旗	新年来临，她与大家一起在狱中绣红旗	信念坚定、追逐理想	
走向刑场	赴刑场前坚毅，穿上蓝色的旗袍，微笑着面对死亡	视死如归、信念坚定、有为理想而献身的精神	
一封遗书	在狱中写给儿子的家书，这是最后的遗书	做好为理想而献身的准备，让儿子理解并领悟她的理想	
……	……	……	

2. 英雄人物——成岗

典型事件	典型场景	人物性格	经典语录
编印报纸	认真地印《挺进报》，党交给的任务，要努力完成	敬业、负责	"有革命意志的人，不可能丧失控制自己的能力。而且，越是敌人提出危险的问题，你心里会越加警惕。" "一个真正的共产党员绝对不会向反动派低头。" "只要还有一口气，就要为革命斗争到底！"
被捕事件	叛徒告密被抓，被捕时不忘将扫帚信号挂出	镇定、理智	
注射诚实针剂	被敌人注射了诚实注射剂，顽强毅力抵挡住了药性，未被控制	意志顽强 信念坚定	
狱中受刑	狱中被严刑拷打，誓死不屈服，毅然写下《我的自白书》	意志顽强 信念坚定	
……	……	……	

老师小结：以上是多情境多角度地解读人物形象的方式。

(二) 微影单创意形式之二：单情境单角度

英雄人物——许云峰：研读走向死亡的崇高

> 徐鹏飞停了一下，又上前一步，殷切地喊道："许云峰许先生！"
>
> "我特地来告诉许先生一件好消息。"
>
> "也许，"徐鹏飞笑了笑："这一年来，许先生的消息不很灵通了吧？现在，我可以把真实情况全部奉告：共军分两路，由川东川北入川，国军全线溃退，重庆已经危在旦夕……""我想，许先生听到这个消息，一定很高兴吧？""当然高兴。"
>
> 许云峰毫不掩饰内心的感情，瘦削的脸上浮现出<u>肯定的笑容</u>。
>
> ……
>
> <u>许云峰忽然朗声笑了</u>。笑声使徐鹏飞心头一惊，不觉想起了许久以前许云峰在侦讯大楼里的笑声。不过，这笑声比那时更使他不安。徐鹏飞再也不能控制刚才那种狠毒而故作镇静的心境了。挑衅的目光蓦地疯狂地盯在许云峰带笑的脸上。
>
> "山城将在黎明前消失，许先生听了这个消息，恐怕很难高兴吧？"
>
> "我<u>丝毫不担心</u>。"许云峰应声说着，根本没注意到对方的狞视。他仿佛满怀着兴奋和愉快之情，朗声说道："我确信，在黎明前消失的不是山城，而是见不得阳光的鬼魅！罪恶的血手将最后被人民缚住！雨过天晴，山城必将完整地归还人民。"
>
> "还有一点小消息，我也不想隐瞒。"徐鹏飞再次露出奸笑，端详着许云峰满怀信心的脸。"共产党的胜利就在眼前，可是看不见自己的胜利，这是多么令人遗憾的事！我不知道此时此地，许先生到了末日，又是何心情？"

> 许云峰无动于衷地笑了笑。"这点，我完全可以奉告。我从一个普通的工人，受尽旧社会的折磨、迫害，终于选择了革命的道路，变成使反动派害怕的人，回忆走过的道路，我感到自豪。我已看见了无产阶级在中国的胜利，我感到满足。风卷残云般的革命浪潮，证明我个人的理想和全国人民的要求完全相同，我感到无穷的力量。人生自古谁无死？可是一个人的生命和无产阶级永葆青春的革命事业联系在一起，那是无上的光荣！这就是我此时此地的心情。"
>
> 许云峰慢慢站了起来，缓步走到徐鹏飞面前，直视对方，再次微微露笑。"你此刻的心情，又是如何呢？"
>
> 听到这意外的问话，徐鹏飞一时茫然不知所措。"也许你可以逃跑，可是你们无法逃脱历史的惩罚。"

问题研讨：

（1）读了这个片段后，你最大的感受是什么？你能捕捉微影单的设计角度吗？

（2）《红岩》注重心理活动描写，由于狱中的隐蔽斗争和在特殊情境下，人物的内心活动必然更加丰富复杂的特点，选段中几次写了许云峰的笑？这样写的作用是什么？

【微影创意单——单情境单角度】

人物	情境	情境内容	笑容含义
许云峰	面对敌人的笑的情景	第一次笑：徐鹏飞笑了笑："这一年来，许先生的消息不很灵通了吧？现在，我可以把真实情况全部奉告：共军分两路，由川东川北入川，国军全线溃退，重庆已经危在旦夕……""我想，许先生听到这个消息，一定很高兴吧？""当然高兴。"许云峰毫不掩饰内心的感情，瘦削的脸上浮现出肯定的笑容	坚信革命必将胜利之坚定微笑
		第二次笑：许云峰忽然朗声笑了。笑声使徐鹏飞心头一惊，不觉想起了许久以前许云峰在侦讯大楼里的笑声。不过，这笑声比那时更使他不安。徐鹏飞再也不能控制刚才那种狠毒而故作镇静的心境了。挑衅的目光瞀地疯狂地盯在许云峰带笑的脸上	对革命即将胜利欣喜之笑以及对敌人即将毁灭的鄙视之笑
		第三次笑：许云峰无动于衷地笑了笑。"这点，我完全可以奉告。我从一个普通的工人，受尽旧社会的折磨、迫害，终于选择了革命的道路，变成使反动派害怕的人，回忆走过的道路，我感到自豪。我已看见了无产阶级在中国的胜利，我感到满足	毫无惧怕、冷静坦然面对死亡的笑
		第四次笑：许云峰慢慢站了起来，缓步走到徐鹏飞面前，直视对方，再次微微露笑。"你此刻的心情，又是如何呢？"听到这意外的问话，徐鹏飞一时茫然不知所措。"也许你可以逃跑，可是你们无法逃脱历史的惩罚。"	对即将走向末路的敌人轻蔑的笑

（三）归纳总结：微影单创意设计形式，我们可以选取一个人物，多个情境画面，也可以选取一个画面，多个人物。师生一起归纳形成：

【微影创意设计形式单】

微影角度形式	典型例子	表现形式	重点刻画
单人物，单情境	许云峰就义	1. 组合诵读 2. 角色表演 3. 旁白配合 4. 背景展示	对话 动作 神情 环境
单人物，多情境	江姐典型事迹		
多人物，单情境	革命者们狱中受刑		
多人物，多情境	多人典型事迹组合		

四、各组选取喜欢的人物、喜欢的情境、以喜欢的形式，开展合作研讨。

五、班级各组微影单交流展示，体验不一样的创意和表达，品味故事中的经典人物和经典场景，感悟崇高的革命精神。

六、作业布置

1. 选择作品主要人物，全面了解其革命事例，为英雄人物立档，并形成自己独特的人物思维导图，为下节课的人物研讨课做好充分的准备。

《红岩》人物档案设计

【人物介绍】【人物评价】【经典语录】【经典事件】

《红岩》人物独特的思维导图

所选人物、相关情节、人物评价

2. 再选读一篇革命诗歌，并做赏析笔记。

为英雄立档　为红岩而歌

——《红岩》阅读交流课

【设计意图】

学生完成《红岩》整部书籍内容阅读，进行重要人物品读交流。主要是在研读典型人物、精彩情节基础上，对红岩精神进行整体研讨，要求学生课前整理好人物档案，并完成人物思维导读图。

【交流目标】

1. 能够结合具体情节，借助细节描写分析人物。

2. 通过品味关键词句、重要段落，品析人物形象，提高鉴赏评价能力。

3. 结合人物品读，为英雄人物立档，深刻理解崇高红色革命精神的内涵。

【交流重点】抓住细节描写人物，并能够结合具体情节分析评价人物，为英雄人物立档。

【交流难点】理解崇高的红色革命精神内涵。

【交流过程】

一、导入：生如夏花之绚烂，死如秋叶之静美——泰戈尔

这是一堂《红岩》阅读交流课，让我们走进一个个经典的人物，感悟崇高的红岩精神。

二、人物交流研讨展示

（一）学生展示相关人物的档案设计表或思维导图，介绍人物相关的故事情节。挑选其中最精妙的人物描写或场景描写展现人物性格。

1. 学生展示思维导图，形成自己的风格档案设计。

2. 充当一名"海霞讲解员"，介绍我们的革命英雄。

第一位：江姐

革命英雄人物档案一：江姐

江姐原名江竹筠，是我国著名的革命烈士。1920年8月20日出生于四川省自贡市富顺县江家湾一个普通农民家庭。1939年加入中国共产党。1946年参加领导重庆学生革命运动，并为重庆市委机关报《挺进报》做了大量工作。由于叛徒出卖，1948年6月14日，江姐不幸被捕，被关押入重庆渣滓洞监狱。1949年11月14日，在重庆即将解放前夕，被国民党军统特务杀害，时年仅29岁。

有人评价江姐：江山万里红梅赞，姐妹一生壮志歌。

第二位：成岗

> 革命英雄人物档案二：成岗
>
> 成岗原名陈然，中国河北人，1923年12月18日出生，1939年加入中国共产党。从1947年起，他参加重庆秘密刊物《挺进报》编辑等工作，担任《挺进报》党支部书记。1948年4月被捕，先后被关押于歌乐山重庆军统集中营、渣滓洞、白公馆看守所。他在狱中战胜重重困难，坚持出版《挺进报》，1949年10月28日在重庆大坪刑场被敌人公开枪杀。
>
> 陈然在编辑《彷徨》杂志时，曾撰写一篇题为《论气节》的散文，他认为在平时能安贫乐道，坚守自己的岗位，在富贵荣华的诱惑之下能不动心志，在狂风暴雨袭击之下能坚定信念，而不惊慌失措，这就是气节。他对世界、对人生的这种深刻认识和坚持，以及最后的以身殉真理，就是值得崇尚的一种真正伟大的气节。

教师提示：可以参照上述档案，例举人物的经典语录和事迹，使之更为完整。

三、我给英雄点赞——为每一位平凡英雄写评价语

人物	主要故事	人物评价
华子良	他是潜伏最深的共产党员，忍辱负重、忠贞不屈。因装疯卖傻而被特务称为"疯老头"，被关押在白公馆，为渣滓洞、白公馆越狱做出巨大贡献	
小萝卜头	他几个月大时就随父母被囚禁在"白公馆"，在敌人监狱里长大。头很大，身体纤瘦，经常帮大人做秘密工作，遇害时不满9岁	
双枪老太婆	华蓥山纵队司令员，是一位传奇人物，善使双枪，令敌人闻风丧胆、恐慌不安	
刘思扬	他是来自资本家家庭的共产党员，负责《挺进报》的收听、抄录工作；在监狱中同敌人进行了不屈不挠的斗争	
许云峰	他以顽强的意志在潮湿阴森的地窖里用手指挖通了石壁，把越狱的通道留给了同志们。自己则带着对胜利的坚定信念从容就义	

四、研读红岩精神

问题研讨：

1. 每一位革命英雄都有同样的追求，那就是红色革命精神，请谈谈你对"红岩"二字的理解？

明确：红色是革命的颜色，岩石又是非常坚硬的物质，革命者在狱中坚持斗争坚韧不拔，就像红色的石头一样。红岩精神是我们中华民族精神的重要组成部分，是民族精神、时代精神、共产主义精神的有机统一，是历史留给我们的宝贵精神财富，是中华民族的精神瑰宝。

2. 作为新时代的年轻人，应该如何继承和发扬"红岩"精神？

红岩精神是坚定的理想信念、崇高的思想境界、巨大的人格力量、中华民族的精神瑰宝。崇高理想的实现需要经过无数代人的不懈努力，需要后人继承革命前辈的遗志，学习革命前辈的精神，发扬艰苦奋斗作风，把过去的光荣传统变成未来。

五、配乐读诗悟精神：齐读革命的诗歌，致敬革命英雄。

任脚下响着沉重的铁镣,任你把皮鞭举得高高，我不需要什么"自白"，哪怕胸口对着带血的刺刀！人，不能低下高贵的头，只有怕死鬼才乞求"自白"；毒刑拷打算得了什么？死亡也无法叫我开口！对着死亡我放声大笑，魔鬼的宫殿在笑声中动摇；这就是我——一个共产党员的"自白"，高唱凯歌埋葬蒋家王朝。

六、作业布置

1. 推荐观看电影《风声》《在烈火中永生》和电视剧《红蔷薇》《叛逆者》《绝命使命》等。

2. 读完《红岩》，其中哪些人物的英雄事迹最让你感动？请结合相关情节，为英雄制作永恒的精神档案，充当"海霞讲解员"讲给大家听。

3. 用心撰写《红岩》读后感，致敬革命英雄。

4. 项目化选择性作业：（1）依据课堂小组合作的微影创意单，尝试拍摄《红岩》微影片或微影剧。（2）开展小组《红岩》诗歌会。

创业史

——柳青

一、作品介绍

《创业史》是柳青的一部现实主义长篇小说，小说以梁生宝互助组的发展为线索，表现了我国农业社会主义改造进程中的历史风貌和农民思想情感的转变。第一部写互助组发展阶段；第二部写农业生产合作社的成立和巩固。它们既是互相联系的，又是各自独立的。

在《创业史》中，作者成功地塑造了梁生宝和梁三两个人物，已排进中国现代文学中最富有特色的典型形象的行列。梁生宝是全书的中心人物，是社会主义农村中的英雄典型。在披荆斩棘带头创造社会主义大业中，他有胆有识，既有宏伟的气魄，又有实干精神。他身上既有勤劳、朴实、善良的中国传统美德的闪光，又有公而忘私、勇于牺牲个人利益的时代精神的张扬。这是一个讲原则、重情感的社会主义新人形象。梁三老汉是书中写得最凝重最精彩的人物，是极有感染力的艺术典型，具有鲜明感人的多重性格。

《创业史》结构宏伟，气势磅礴，语言质朴而凝重；恰到好处的抒情段落，好似警句格言一般留在读者的记忆中，实为当代文学中的精品。

二、实施要求

《创业史》篇幅长，全程阅读指导建议以训练阅读方法为主线，重点抓以下几点：

1. 普及并且实施几种科学的阅读方法，纠正改善传统的阅读方法。让学生掌握并能运用几种科学的读书方法，其实也是需要突破的难点。

2. 突出典型的人物形象，引导学生了解特殊创业时代的众生相，学会分析人物形象和写作主旨的方法。尤其是一些重点句子，要让学生进行摘录并深入理解，能转化为精神滋补。

3. 要重视学生在读书过程中的情感体验和自我净化，帮助他们树立正确的"三观"，培养顽强奋斗的精神品质。

三、导读攻略

【方法指导】

1. 掌握阅读方法

（1）整体感知的读书方法

①以词句为单位的快速阅读方法

眼脑配合的快速阅读方法，它是将被阅读的文字以组为单位进行整体阅读，而组内所包含的往往是一行、多行，一段甚至整页内容，是一种让我们能够从文字材料中迅速接收信息的阅读法。快速阅读是纯粹运用脑思维搜索能力，概括能力，提炼能力，讲求效率，更有利于记忆的阅读。

②筛选式阅读法：划出要点，摘出纲要。

（2）品析的方法——细细品读法。

品析文学作品除了品析内容作用之外，还要品析修辞和韵律上的意义。因此阅读时应该比较缓慢，一边读，一边能懂其中的含义，如果嘴唇没动，只是因为偷懒。品读能力同我们的联想能力相关。

（3）内化作品思想精髓的方法——"出入"读书法

宋代陈善《扪虱新话·读书类》："惟知出知入，乃得尽读书之法也。"所以，我们读书要能深入理解，灵活运用。跳出书中，目的是能内化成自己的思想，结合自己的生活，反观自身，提升自身。

2. 纠正改善传统的阅读方法

（1）麻醉性阅读：这种阅读只是为了消遣。如同服用麻醉品那样，读者忘却了自己的存在，飘飘然于无限的幻想之中。这类读者一般对自己的阅读学习和感悟没有兴趣，把自己完全置身于书本之外。如果使用麻醉性的阅读方法阅读名著，读者只能得到一些已经添加了自己幻想的肤浅情节，使不朽的名著下降到庸俗作品的水平。

（2）效率低下的阅读：传统的按"字"阅读、默读时全程动嘴、眼动没有规律等不良习惯，"视知觉广度"严重不够。

【阅读任务】

内容时间	纠正不良阅读习惯	训练阅读方法	巩固阅读方法的作业
上卷15日 下卷15日	1. 纠正按"字"阅读、默读时动嘴、眼动无规律等不良习惯，逐步扩大学生"视知觉广度"。 2. 纠正麻醉性阅读，要求关注自己的阅读学习和感悟	1. 以词句为单位的快速扫视阅读方法。 2. 筛选式阅读法。钩玄提要，摘出纲要	1. 每天摘录5—8个句子，并做批注。 2. 阅读完成后，完成情节梗概单

续表

内容时间	纠正不良阅读习惯	训练阅读方法	巩固阅读方法的作业
名著导读	继续纠正以上两大不良阅读习惯	1. 梳理情节，了解梗概。 2. 巩固快速阅读方法和筛选式阅读法。 3. 学会粗略概括	1. 用快速阅读法和筛选式阅读法填写出全书故事的背景，以及梁生宝和梁三老汉的主要事情。 2. 细读自己感兴趣的章节，巩固钩玄提要法，在旁边批注人物形象分析
名著研读	继续纠正以上两大不良阅读习惯	1. 学会细致概括法。 2. 学会把握文章的中心主旨和写作动机。 3. 学习抓取褒贬强烈的词语	1. 以小组为单位，制作幻灯，在幻灯片上摘录内涵深刻的句子（要求注明第几页）。 2. 巩固钩玄提要法，在摘录下来的句子旁边批注语言效果赏析。 3. 以小组为单位，制作幻灯片，在幻灯上联系生活，联系当今时代，跳出文章，谈自己的感悟
阅读交流	继续纠正以上两大不良阅读习惯	1. 学习深度品读内涵深刻的句子。 2. 运用出入法，结合生活，进行内化。 3. 被创业者精神打动，树立正确的苦难观，培养奋斗的意识和精神。	整理自己的阅读感悟，写成文章，可以写思想内容、可以写艺术造诣，也可以写自己的现实感悟

创业路上披荆斩棘

——《创业史》导读课

【导读过程】

导入：

互联网+以及自媒体时代的来临，标志着中国正式进入了一个全民创业的时代。我们今天要一起阅读《创业史》这本书，一起体会创业路上的各种滋味。今天的学习目标，请大家看大屏幕——幻灯展示。

目标1. 理情节，了解文章梗概。

目标 2. 跟学方法，粗略概括背景和情节。

目标 3. 展示，及时评价

【第一阶段任务】梳理情节，了解梗概

任务解说——根据事先预读写的《创业史》情节梗概单，全班查漏补缺，明确文章梗概：

【第一阶段任务】情节梗概参考单

故事开端	陕北大旱，颗粒无收。冬天，哀鸿遍野，灾民黑压压地涌向渭河滩。梁三将宝娃子母子二人领进了他的草房院。他抚摸着宝娃子的头，发出了再创家业的豪壮誓言。宝娃至此改姓梁，大号叫梁生宝
故事发展	梁三苦苦劳动十年，光景依然如旧，得到的只是失败和屈辱，以及脖梗上的死肉疙瘩、喉咙里永远咳不完的痰。梁生宝十八岁独自租种了十八亩稻地，创业的劲头，超过父辈几等。但是，他辛苦一年的收获，全被地租、高利贷敲榨干净。到了解放前夕，为了躲避国民党溃兵抓壮丁，梁生宝被迫进了终南山，成了不敢见天日的"黑人"。梁家三代的创业史，最终画上了一个辛酸的句号。解放了，蛤蟆滩发生了天翻地覆的变化。大地主吕二细鬼、富农姚士杰都被斗倒了，贫雇农土地还家，梁家分到了十来亩稻地。当了民兵队长、入了党的梁生宝，则完全沉浸到建立互助组的事务里去
渐入高潮	父子之间在创业上的激烈冲突就要爆发了。春荒笼罩着蛤蟆滩。这是互助组和整个蛤蟆滩最困难的时刻。他们一方面要筹划新的一年生产，一方面要度春荒。 　　富农姚士杰偷放高利贷，郭世富要和贫雇农"和平竞赛"。郭振山已经对局面失去控制，加之自己要走自发道路，故对贫雇农的困难、对自发势力叩作壁上观。在这种形势下，梁生宝自然成了互助组和贫雇农的主心骨和带头人。为了推行一年稻麦两熟的丰产计划，他顶着霏霏的春雨，到郭县为互助组去买百日黄稻种。为了筹集生产资金和渡过春荒，他组织互助组员开进终南山割竹子。这些举措，打击了自发势力的气焰，解决了贫苦农民的困难，稳住了互助组的阵脚。这些行动，也在蛤蟆滩庄稼人的心底掀起了重重波澜，他们从中看到了社会主义的优越性。然而，生宝的行动有时却不为梁三老汉所理解。继父时常对他冷嘲热讽，称其为"梁伟人"。对此，生宝毫无怨言，他相信继父会觉悟过来。生宝毫不畏惧。割竹队如期完成了任务，挣了一大笔钱，解决了互助组的暂时困难
故事结局	秋天，梁生宝的互助组获得了大丰收，蛤蟆滩的统购统销工作也提前完成。梁生宝的威望不断提高，互助组更加壮大，退组的又回来了。郭振山的所作所为使他威信扫地。为了恢复威信，他积极整顿他所在的官渠岸互助组。经过县里的培训，梁生宝他们又成立了全区第一个农业社——灯塔社。梁生宝的创业成功了！在铁的事实面前，梁三老汉服气了。他穿上了新棉衣到黄堡镇去打油，受到人们格外的尊重。他流泪了。这是幸福的泪，欢悦的泪！它饱含着蛤蟆滩人创业的自豪与艰辛

【第二阶段任务】跟学方法，粗略概括背景和情节

任务解说——跟学阅读方法，小组合作，从【情节梗概单】中概括出小说背景和主要人物的主要情节。

【第二阶段任务】具体操作表

跟学阅读方法	方法解读和任务	教学流程
快速阅读法	1. 训练以词句为单位扫视【情节梗概单】。 2. 要默读【情节梗概单】，不要朗读。发声的阅读是快速法的大敌。 3. 阅读时，视线与读物成垂直线，发挥视线的余光作用，多览到一些内容。要聚精会神地阅读，强化注意力集中。 4. 纠正按字阅读、默读时动嘴、眼动没有规律等不良习惯，逐步扩大视知觉广度。 5. 纠正麻醉性阅读，要求关注自己的阅读学习，必须有所收获	1. 教师示范——以词句为单位，无声默读，嘴唇基本上紧闭不动，视线与读物成垂直线，一行渐至多行地扫读，告诉学生获取的信息。 2. 学生学习快速阅读法，进行自我训练，获取信息，和教师核对提取的信息，感受快速阅读法带来的好处
筛选式阅读法	有意识地从【情节梗概单】获取所需的信息——小说三要素中背景和主人公梁生宝和继父的主要事情。钩玄提要，抓住实质性的关键词	1. 教师示例——在【情节梗概单】内跳跃式寻找出一个时代背景词语，钩玄提要，用下划线划出关键词，并且标注序号1.2.3…… 2. 粗线条的概括方法示范——"人物+人物的行为"。 3. 学生运用方法进行划词标序，获取主要信息

快速阅读方法的示例如下：

【情节梗概单】

故事开端	<u>陕北大旱，颗粒无收。冬天，哀鸿遍野</u>，灾民黑压压地涌向渭河滩。梁三将宝娃子母子二人领进了他的草房院。他抚摸着宝娃子的头，发出了再创家业的豪壮誓言。宝娃至此改姓梁，大号叫梁生宝
故事发展	梁三苦苦劳动十年，光景依然如旧，得到的只是失败和屈辱，以及脖梗上的死肉疙瘩、喉咙里永远咳不完的痰。梁生宝十八岁独自租种了十八亩稻地，创业的劲头，超过父辈几等。但是，他辛苦一年的收获，全被地租、高利贷敲榨干净。到了<u>解放前夕</u>，为了躲避国民党溃兵抓壮丁，<u>梁生宝被迫进了终南山</u>，成了不敢见天日的"黑人"。梁家三代的创业史，最终画上了一个辛酸的句号。<u>解放了，蛤蟆滩发生了天翻地覆的变化</u>。大地主吕二细鬼、富农姚士杰都被斗倒了，<u>贫雇农土地还家</u>，梁家分到了十来亩稻地。当了民兵队长、入了党的梁生宝，则完全沉浸到<u>建立互助组</u>的事务里去

续表

渐入高潮	父子之间在创业上的激烈冲突，就要爆发了。春荒笼罩着蛤蟆滩。这是互助组和整个蛤蟆滩最困难的时刻。他们一方面要筹划新的一年生产，一方面要渡春荒。富农姚士杰偷放高利贷，郭世富要和贫雇农"和平竞赛"。郭振山已经对局面失去控制，加之自己要走自发道路，故对贫雇农的困难、对自发势力均作壁上观。在这种形势下，<u>梁生宝自然成了互助组和贫雇农的主心骨和带头人</u>。为了推行一年稻麦两熟的丰产计划，他顶着霏霏的春雨，到郭县为互助组去买百日黄稻种。为了筹集生产资金和渡过春荒，<u>他组织互助组组员开进终南山割竹子</u>。这些举措，打击了自发势力的气焰，解决了贫苦农民的困难，稳住了互助组的阵脚。这些行动，也在蛤蟆滩庄稼人的心底掀起了重重波澜，他们从中看到了社会主义的优越性。然而，<u>生宝的行动有时却不为梁三老汉所理解</u>。继父时常对他冷嘲热讽，称其为"梁伟人"。对此，生宝毫无怨言，他相信继父会觉悟过来。<u>生宝毫不畏惧</u>。割竹队如期完成了任务，挣了一大笔钱，<u>解决了互助组的暂时困难</u>
故事结局	秋天，<u>梁生宝的互助组获得了大丰收</u>，蛤蟆滩的统购统销工作也提前完成。生宝的威望不断提高，互助组更加壮大，退组的又回来了。郭振山的所作所为使他威信扫地。为了恢复威信，他积极整顿他所在的官渠岸互助组。经过县里的培训，梁生宝他们又成立了全区第一个农业社——灯塔社。<u>梁生宝的创业成功了</u>！在铁的事实面前，梁三老汉服气了。他穿上了新棉衣到黄堡镇去打油，受到人们格外的尊重。他流泪了。这是幸福的泪，欢悦的泪！它饱含着蛤蟆滩人创业的自豪与艰辛

筛选式阅读【情节梗概单】中的背景和主要情节，进行粗概括，示例如下：

筛选式阅读　填写小说三要素

主要的背景	1. 解放前陕北大旱，颗粒无收。 2. 解放前夕地租、高利贷敲榨。 3. 解放后贫雇农土地还家，建立互助组，陕北农村仍旧极其贫困
梁生宝主要情节	1. 梁生宝租种了十八亩稻。 2. 梁生宝被迫进了终南山，成了不敢见天日的"黑人"。 3. 梁生宝当了民兵队长、入了党。 4. 梁生宝，完全沉浸到建立互助组的事务里去。 5. 梁生宝成了互助组和贫雇农的主心骨和带头人。 6. 梁生宝到郭县为互助组去买百日黄稻种。 7. 他组织互助组组员开进终南山割竹子。 8. 梁生宝对继父时常的冷嘲热讽，毫无怨言 9. 梁生宝他们又成立了农业社——灯塔社，梁生宝的创业成功了
梁三主要情节	1. 梁三将宝娃子母子二人领进了他的草房院。 2. 梁三发出了再创家业的豪壮誓言。 3. 梁三苦苦劳动十年，光景依然如旧。 4. 梁三时常对梁生宝冷嘲热讽，称其为"梁伟人"。 5. 梁三阻拦梁生宝互助组的事务。 6. 梁三服气了，老汉穿上了新棉衣到黄堡镇去打油，受到人们格外的尊重。 7. 梁三流泪了
主要人物形象	第2课时

【第三阶段任务】学生展示　及时评价

任务解说——同桌交换批改

评价单

打分项目	评分
背景整理正确一点+1	得（　　）分
情节整理正确一点+1	得（　　）分
订正后重新打分	共（　　）分

作业：细读自己感兴趣的章节，巩固钩玄提要法，在旁边批注人物形象分析。

尖锐的矛盾　深刻的思想
——《创业史》研读课

【研读过程】

导入：

我们上节课学习了快速阅读方法和筛选式阅读法，了解了全文梗概，学会了粗略概括方法，概括出梁生宝和梁三老汉的主要事情。今天的学习目标，请大家看大屏幕——幻灯展示：

目标1. 运用细致情节概括法，人物形象分析。

目标2. 分析全书的中心主旨，把握写作动机。

目标3. 树立正确的苦难观。

【第一阶段任务】运用细致情节概括法，人物形象分析

1. 教师用下列对照表进行教学示范：

粗略概括法和细致概括法的对照表

	粗略概括法	细致概括法
适合阅读方法	快速阅读法（见第一课时）	细细品读（含有声朗读），要求关键词之处重音，带有联想力去读
表达	人物+主要事情	人物+行为的前因（背景、状态）+主要行为+行为结果

续表

	粗略概括法	细致概括法
例子	1. 梁生宝租种了十八亩稻。 2. 梁生宝对继父时常的冷嘲热讽，毫无怨言。 3. 梁生宝他们又成立了农业社——灯塔社	1. 梁生宝十八岁独自租种了十八亩稻地。 2. 生宝在继父冷嘲热讽下毫无怨言毫不畏惧，如期带领割竹队完成了任务，挣了一大笔钱，解决了互助组的暂时困难。 3. 梁生宝他们又成立了全区第一个农业社——灯塔社
人物形象分析	抓住含有褒贬色彩的词，色彩越强烈越好	从"独自""毫无怨言毫不畏惧"，从解决了互助组的暂时困难，从第一个农业社，都可以看出：梁生宝性格纯朴、厚道，处理事情积极思考、聪明能干、接受能力强、具有领袖人物的风范；并从父辈那里继承了勤劳、朴实、坚韧不拔的劳动者的优秀品质。——以上分析人物都是结合了行为发生的前因、背景或者人物状态
结论	细致概括法有助于深入细致地把握人物形象	

2. 学生模仿教师的示范，自主学习细致概括法，在下列表格内分析梁生宝和梁三的人物形象。

自主学习细致概括法表

	粗略概括法	细致概括法
适合阅读方法	快速阅读法（见第一课时）	细细品读（含有声朗读），要求关键词之处重音，带有联想力去读
表达	人物+主要事情	人物+行为的前因（背景、状态）+主要行为+行为结果
例子	/	学生自主自学：一边读一边找，找出后用红笔强调出细致概括
人物形象分析	抓住含有褒贬色彩的词，色彩越强烈越好	学生自主分析：
结论	细致概括法有助于深入细致地把握人物形象	

3. 学生展示，教师点拨追问，其余学生补充，深刻体会细致概括法对人物形象分析的好处。

预设有关梁生宝的展示：

（1）互助组初期，当庄稼人都把羡慕的目光投向富裕中农郭世富时，他跑到郭县买回稻种，在互助组内搞稻麦两熟。

（2）"活跃借贷"时，富裕中农不愿再把粮食借给困难户渡春荒，连有能力的郭振山都束手无策了，他却组织人们进山割竹，解决了困难户的粮食和互助组的肥料问题。显然这不是惊天动地的壮举，然而正是这些看起来似乎很"平凡"的行动，在蛤蟆滩庄稼人的心底掀起重重波澜，使他们看到了社会主义的优越性。

（3）"买稻种的路上""和增福夜谈"等章节对梁生宝的内心世界作了深入细致的揭示，展现了他崇高的心灵美。他决心把自己的一切都献给党的事业，"他觉得只有这样做，才活得带劲儿，才活得有味"。他认为"照党的指示，给群众办事，受苦就是享乐"。

预设有关"梁三"的展示：

梁三身上背负着几千年私有制观念因袭重担的农民的保守性，另一方面，他又是个勤劳、善良、朴实的劳动者，"被剥削过的痛苦的记忆"，"受压迫的心灵"，使他"在精神上和王书记、党支部、生宝们挨近"。他尽管怀疑、反对儿子办互助组，但心里却无时无刻不关心着互助合作运动的命运。作者相当精彩地描写了这个矛盾着的双重性格，并着重表现了这个人物走上社会主义道路的艰难历程。

【第二阶段任务】分析全书的中心思想，把握写作动机。

教师教学：主人公的形象品质具有典型性，这是小说塑造人物的特点，来自生活，高于生活。把握中心主旨和写作动机要结合时代背景，结合小说家的社会职责。

学生小组合作思考：作家借梁生宝此形象想要表达什么？

小组展示，教师点拨、纠正。

明确如下：全文运用很多人物细节，以及人物两相对照的方法，告诉我们：一个创业者可能饱经辛酸磨难，但是他（她）仍能独具慧眼，敢于当时代潮流的"弄潮儿"，为自己钟爱的事业奋斗，并且付诸坚实有力的行动，创业才会成功。他不会锋芒毕露咄咄逼人，但是身上具有一种人格魅力：谦逊、厚道、善于思考，不指手画脚、夸夸其谈，富有牺牲精神，是一个创业者必须具备的宝贵思想品质。

作业：1. 以小组为单位，制作幻灯片，在幻灯片上摘录内涵深刻的句子（要求注明第几页。

2. 巩固钩玄提要法，在句子旁边批注语言效果赏析。

3. 以小组为单位，制作幻灯片，在幻灯上联系生活，联系当今时代，跳出文章，谈自己的感悟。

正直纯粹的奋斗精神

——《创业史》阅读交流课

【交流过程】

我们上节课学习了细致概括法，和第一节课的粗略概括法进行了对照，从中体会到了细致概括法对深刻分析人物形象的帮助，同时，也把握了中心主旨。今天的学习目标，请大家看大屏幕——幻灯展示：

目标1. 学习品读法，深度理解内涵深刻的句子。

目标2. 运用出入法，结合生活，交流感悟。

目标3. 树立正确的苦难观，培养奋斗的意识和精神。

【第一阶段任务】

（一）教师示范，教学品读的方法要领。

例子：梁三老汉在回家的路上，独自一个走着，羞耻地回忆起他哥和他分家是一根柴禾也要争的情景。

赏析：这句话运用了心理描写，梁三老汉看到互助组创立后的热闹和互相分享的情景，回忆起当初自己和哥哥分家争禾的情景，此情彼景进行了对比，体现了他惭愧又不甘心贫困的心理，为后文他接受互助组做了铺垫。

（二）以小组为单位，学生展示自己准备的幻灯片

预设学生可能会提到以下例子：

1. 忍耐有时是比激动更强大的精神力量，但并不是每个人的天然禀赋。这是事业对人的一种强制。人生的道路是漫长的，但关键处仅有几步，特别是人年轻的时候。

赏析：这句话是全文的中心，点明自己追求的事业对于创业者来说，具有极大的推动力，使他忍耐常人不能忍之事情。人在年轻的时候，要懂得舍弃，懂得选择。

2. "梁生宝！你的担子可不轻啊！你要卖大力气给党挑啊！多少人拿不同眼光盯你，大伙都在等着看你这台戏！……"

赏析：这句话运用了心理描写，写出了卢明昌对梁生宝给党卖力的感慨心理，体现了他对梁生宝的敬佩与创建互助组的认同。为后文互助组发生的一系列困难做了铺垫。

3. 早春的清晨，汤河上的庄稼人还没睡醒以前，因为终南山里普遍开始解冻，可

以听见汤河涨水的呜呜声。在河的两岸，在下堡村、黄堡镇和北原边上的马家堡、葛家堡，在苍苍茫茫的稻地野滩的草棚院里，雄鸡的啼声互相呼应着。在大平原的道路上听起来，河水声和鸡啼声是那么幽雅，更加渲染出这黎明前的宁静。

空气是这样的清香，使人胸脯里感到分外凉爽、舒畅。

繁星一批接着一批，从浮着云片的蓝天上消失了，独独留下农历正月底残余的下弦月。在太阳从黄堡镇那边的东原上升起来以前，东方首先发出了鱼肚白。接着，霞光辉映着朵朵的云片，辉映着终南山还没消雪的奇形怪状的巅峰。现在，已经可以看清楚在刚锄过草的麦苗上，在稻地里复种的青稞绿叶上，在河边、路旁和渠岸刚刚发着嫩芽尖的春草上，露珠摇摇欲坠地闪着光了。

赏析：这句话运用了自然环境描写的手法，写出了早晨村庄景物的美好，空气的清新，渲染了美好，愉悦的气氛，具有极其鲜明的乡土气息。体现了梁三老汉心情的欢快，与后文的生气进行了对比。

"我说，你！"老汉提高了声音，已经开始凶狠起来了，"我说，宝娃你管不下，秀兰你也管不下？"

赏析：这句话运用了语言描写的方法，写出了梁三老汉生气的语言，体现了梁山老汉听到老婆的话的愤怒，问号和感叹号强调了他不喜欢也不理解儿子全心泡在互助组的心理。

"噢啊！"老婆这才明白地笑了。事情并不像老汉脸上所表现出来的那么严重。她那两个外眼角的扇形皱纹收缩起来，贤惠地笑了，"退婚不是啥病症，能传给咱秀兰吗？"

"你甭嘴强！怕传得比病症还快！"

"秀兰变了卦，你问我！"

"到问你的时光，迟了！"

"那么怎办呢？她和人家上一个学堂……"

"干脆！秀兰甭上学啦！"

赏析：这句话运用了语言描写和细节描写的方法，写出了老婆笑的细节，生动形象地体现了老婆对梁三老汉的迂腐思想的无奈，反衬梁三老汉思想传统，迂腐古板的形象。语言描写极具个性化，人物截然不同的性格跃然纸上，内涵丰富。

【第二阶段任务】

运用出入法，跳出本书，进入生活，联系生活，联系当今时代，交流自己的感悟。

提示——出入法：跳出本书，进入生活，联系生活的方法。

学生全体互动交流片段摘录，交流感悟：

最使我敬佩的是梁生宝率众进山伐竹的片段。他积极创新，提出伐竹编帚的主张，得到众人支持。事前他精心安排人员、准备器具，甚至没有时间与心上人对话，这是对事业的认真负责、是无私地奉献自我；在进山路上，他叮嘱队员、详述计划，这是为人细心、处事周到；在队员受伤之时，他挺身帮助、关怀安慰，背着伤员走过几十里山路，这是以身作则的担当。正是有着这种难能可贵的为事业不懈奋斗的精神，才使他脱颖而出，成为乡村建设道路上的先锋，成为为众人所敬佩的模范。

现在的社会上何尝不需要像梁生宝一样的人呢？中国在全民几十年共同的奋斗中得到了强大，终有实力在世界立足。但这是远远不够的，中国仍然存在许多问题，人口问题急需处理、城市和乡村依然有着天差地别、数万人民大字不识、社会风气仍需改善……中国这幢大楼根基未稳、摇摇欲坠，走向现代化建设的道路坎坷重重，现在又何尝不是另一个20世纪50年代？梁生宝那为组织、为建设、为事业努力奋斗的身影，不正是当今社会所需要的吗？有了像他一样负责担当、无私奉献、积极创新、细心周到的一群人，中国一定会更加繁荣昌盛。

我们又何尝不能成为梁生宝呢？既然我们是新一代的花朵，接受着国家的养育之情，有着奉献自己、建设国家的远大抱负，为什么不付出努力呢？学习是我们现今的任务，为什么要学习？是要为国家添砖加瓦，怀着这样一个远大的理想，更应当有悬梁刺骨、囊萤映雪的决心，全心投入学习之中。只要我们永不言弃，现今以读书为重，将来以工作为重，把建设国家当作自己的目标和任务，何愁不能成为一个梁生宝？

这创业史，不仅是梁生宝一人的创业史，更是全中国人民的创业史啊，这种为国家事业奋斗的精神，才是全中国的希望。

作业：整理自己的阅读感悟，写成文章，可以写思想内容、可以写艺术造诣，也可以写自己的现实感悟，要求围绕下面这个问题来整理：为什么《创业史》被誉为具有思想的"深刻性"和矛盾冲突的"尖锐性"？

人类群星闪耀时

——【奥】斯蒂芬·茨威格

一、作品介绍

《人类群星闪耀时》是奥地利被称为"历史上最好的传记作家"茨威格的传记名作。本书共收录他的历史特写14篇,这14篇分别向我们展现了巴尔沃亚发现太平洋、穆罕默德攻占拜占庭、亨德尔奇迹的精神复活等14个决定世界历史的精彩瞬间。这14个历史瞬间毫无征兆地分别降临到这14位传主的身上,它可能是传主成功的人生经历,亦可能是传主不愿回首的惨痛失败,甚至是置传主于死地的厄运。它影响了传主一生的命运,更重要的是它决定了人类历史的走向。当强烈的个人意志与历史宿命碰撞之际,火花闪烁,这些火花就如那夜空中的繁星,从此照耀着人类文明的天空。

二、实施要求

(一)分章阅读,合理规划阅读时间

《人类群星闪耀时》共为十四章,各自独立,每一章的长度与学生每日应有的课外阅读量相近。故而可以安排每日一章的分章阅读,让学生的阅读更加清晰,对每一章的内容阅读更加深刻。

(二)了解历史,比较阅读

茨威格巧妙地抓住了决定历史的十四个历史瞬间,而这十四个瞬间在历史书中又是怎样的呢?鼓励学生在阅读前先查找资料,了解那一段历史,再展开本书的阅读,充分感受到作者的独特视角和精彩语言。可推荐学生阅读斯塔夫里阿诺斯《全球通史》中对相关历史事件的叙述内容。

(三)指导圈点评注和快速阅读两种读书方法

要求学生在读书时随时拿着笔,在字里行间随时记录自己的点滴感受。名著中经典的场景、精彩的比喻、富于启发性的议论性语句,都可以记录下来,并写写感受体会，亦可在课前三分钟中分享。多读、多写、多说，学生的阅读能力自然会有提升。同时可以先快速阅读全书，再选择感兴趣的篇目精读。

三、导读攻略

【阅读安排】

1. 独立阅读。本书共 14 篇，一日一篇，在两个星期之内完成本书的阅读，并每天完成下面第一阶段的表格。

2. 小组合作。完成专题探究，制作课件，课堂分享，共一周时间。

【阅读指导】

《人类群星闪耀时》为我们展现了 14 个决定世界历史的瞬间。这 14 个历史瞬间神奇地降临到 14 位传主的身上，他们或是被命运高高举起，送入英雄们的殿堂；或是被狠狠嘲弄，抛入千秋遗恨的行列。阅读本书，要注意以下方法：

1. 必读作者的序言。通过对序言的阅读，我们对"人类群星闪耀时"这一题目及作者的写作意图就有了大致的了解。

2. 略读与精读相结合。略读全书整体把握内容，精读自己感兴趣的人物的历史特写，关注作者是如何展现这一历史瞬间的。

3. 做好读书笔记。本书有许多经典的名言警句，在阅读过程中可做摘录，可做批注，将自己的读后感悟及时述诸笔端。

本书的阅读可分为如下三个阶段：

第一阶段

任务：独立阅读，感受"群星"与"瞬间"。

方法：略读为主，精读略读结合，圈点勾画，摘抄赏析，完成下列阅读任务表。

《人类群星闪耀时》人物档案之_____（填篇名）			
姓名		身份	
主要事迹			
性格特点			

第二阶段

任务：小组合作，评价性阅读，选择专题探究。

方法：精读为主，小组合作，查找资料，读思结合。

《人类群星闪耀时》专题探究——＿＿＿＿＿＿小组活动记录

【要求】

1. 组员先独立阅读后完成探究任务，小组交流组长综合组员结果，做成幻灯片向全班汇报。

2. 内容要有条理地呈现探究结果，并要概括或引用原文及所查找的相关资料的具体内容（比如页数、某一段、某一句）作为依据证明你的探究结果。

小组选择专题	
小组分工内容	
组员作业	

【专题选择】

专题一：传记形式探究

茨威格是著名的传记作家，其所著传记具有其鲜明的特色。《人类群星闪耀时》属于其著名的传记作品，其中作者使用了多种文学形式作传记，如叙事诗、戏剧等，试探究作者如此处理的用意及妙处。

专题二：选材探究

本书共收录茨威格的十四篇历史特写，作者选材独特，视角新颖，如创造马赛曲却不为人知的鲁热、南极探险的"失败者"斯科特等，而南极探险的成功者阿蒙森等成功者或声名显赫者却不见笔端，试探究作者这样选材的用意。

第三阶段

目标：深入思考，分享交流观点。

方法：小组合作，课堂展示。

用一节课的时间，让各个小组将本组的探究结果做一个汇报。教师与其他小组成员对汇报小组的探究结果做简单的针对性评价与指导。小组汇报以及评价的时间限定在6—7分钟左右。

小组汇报内容可参考：（1）所选择的专题；（2）简要的探究过程（重点介绍在探究过程中主要解决的问题）；（3）探究结果。

遇见"群星"

——《人类群星闪耀时》导读课

【导读目标】

1. 了解本书的基本内容。

2. 理解传记文学的基本特点。

3. 明确阅读本书的阅读方法。

【导读重点】了解本书的基本内容,明确阅读本书的阅读方法。

【导读难点】理解传记文学的基本特点。

【导读过程】

一、导入

从今天开始我们将阅读《人类群星闪耀时:十四篇历史特写》,本书共收入作者的 14 篇人物传记。作者只选取这 14 人生命中那决定世界历史的时刻展开叙述,就像电影中的特写镜头一样,聚焦于那历史中最重要的瞬间,故而叫做"历史特写"。本书题目叫"人类群星闪耀时",根据我的简单介绍,你觉得题目中的关键词是哪个?说说理由。

预设一:群星。群星指的是在人类的历史进程中那些对历史的进程产生重大影响的人物,就是传记的主角,是本书的核心。

预设二:闪耀。这是这本传记的主要特点,作者捉住相关人物的人生中的一个重要瞬间(尤其是对历史进程产生极大影响的重要瞬间)展开叙述,这些瞬间就像夜空中的星星一样耀眼夺目。

屏显:没有一个艺术家会在他一天的二十四小时之内始终处于不停的艺术创作之中;所有那些最具特色、最有生命力的成功之笔往往只产生在难得而又短暂的灵感勃发的时刻。

——《人类群星闪耀时》序言

二、分享瞬间

本书将 14 个决定历史的瞬间记叙下来,在还没看书之前,你知道有哪些决定世界历史的重要瞬间吗?说出来和大家分享一下。

预设一:阿姆斯特丹登上月球的第一个脚印。

预设二：1949年10月1日，毛泽东宣布中华人民共和国成立的那一刻。

……

追问：请你翻看目录，对于本书中的这十四个决定世界历史的重要瞬间，你比较关注哪一个？你对这一瞬间了解多少呢？小组内讨论交流，而后发言与大家一起分享。

预设：我关注"滑铁卢的一分钟"，我知道滑铁卢一役后，拿破仑的人生便发生了巨大变化，他战败后被放逐圣赫勒拿岛，自此退出了历史舞台。

……

三、分析文体

这些历史瞬间作者通过传记的形式来表现，那么传记具有什么特点呢？请大家回顾《伟大的悲剧》一文，根据下面两个片段，小组合作，探究传记文学的特点。

屏显：外面刮着暴风雪。他说："我只是到外面去一下，可能要多待些时间。"他出去了，进入了茫茫暴风雪中，我们从此再未见到他。

——《斯科特日记3月16日》

清晨起来，他们朝外一看，外面是狂吼怒号的暴风雪。奥茨突然站起身来，对朋友们说："我要到外边去走走，可能要多待一些时候。"其余的人不禁战栗起来。谁都知道，在这种天气下到外面去走一圈意味着什么。但是谁也不敢说一句阻拦他的话，也没有一个人敢伸出手去向他握别。他们大家只是怀着敬畏的心情感觉到：劳伦斯·奥茨——这个英国皇家禁卫军的骑兵上尉正像一个英雄似的向死神走去。

——《伟大的悲剧》

明确：传记文学是以历史上或现实生活中的人物为描写对象，所写的主要人物和事件必须符合史实，不允许虚构。在局部细节和次要人物上则可以运用想象或夸张，作一定的艺术加工，但这种加工也必须符合人物性格和生活的特定逻辑。

四、明确方法

现在我们已经大致了解了这本书的特点，那么根据这样的特点，在接下来的阅读中，你将采用怎样的阅读方法呢？请你推荐给同学们。

预设1：我会采用圈点和批注的阅读方法。在阅读过程中，我会圈点文中重点、难点、疑点，或者自己深有体会之处，同时从作品的内容、结构、写作手法、语言特色等角度入手做批注。当然，批注文字还可以赏析语言，或展开联想，补充原文，或写出心得体会，提出自己的见解。

预设 2：我会采用快速阅读和精读相结合的方法。因为本书中 14 个历史瞬间有我感兴趣的，也有我不感兴趣的，因此我会先用快速阅读的方法阅读完所有的篇目，再精选我感兴趣的篇目精读，从具体的语言中品味这一瞬间的震撼人心与传主的魅力。

"追星"时刻

——《人类群星闪耀时》研读课

【研读目标】
1. 通过聚焦细节体会作品特写镜头的妙用。
2. 感受人物的精神品质。
3. 体悟失败者身上所展现的人类精神文明的精华。

【研读重点】通过聚焦细节体会作品特写镜头的妙用。

【研读难点】体悟失败者身上所展现的人类精神文明的精华。

【研读过程】

一、导入

任务一：小竞猜

下面的经典名言分别与书中的哪些具体人物有关？举手竞猜。

预设：1. 神的恩赐并不是无止境的，任何人都不可能一直得到他的眷顾。（巴尔沃亚）

2. 自古以来，局势变化的关键总是掌握在意志坚定的人手中。（穆罕默德二世）

3. 将无法实现之事付诸实现正是非凡毅力的真正的标志。（穆罕默德二世）

4. 任何一种真正的热情本身还会激发出创造力。（鲁热）

5. 一个人虽然在同不可战胜的厄运的搏斗中毁灭了自己，但他的心灵却因此变得无比高尚。所有这些在一切时代都是最伟大的悲剧。（斯科特）

6. 一个微不足道的小人物的怯懦毁坏了他这个最有胆识、最有远见的人物在二十年里所建立起来的全部英雄业绩。（拿破仑）

问：分享你在阅读过程中记录的经典语句，选一句，说说你的感悟。

预设："一个人最大的幸福莫过于在人生的中途、富有创造力的壮年，发现自己此生的使命。"我们活着究竟是为了什么？这个问题实在困扰了人类许久，多数人活上一辈子也不明白自己活着的意义，只有极少数者能够洞悉自己生存的意义，发现自己此生的使命，而这种人，就是世界上最幸福的人了吧！

二、聚焦细节

屏显："这些在所有时代都最最伟大的悲剧，作家可能只会偶尔创作，但现实生活却早已将其演绎了千百遍。"

——茨威格

茨威格在叙述这些历史瞬间时，巧妙地运用细节描写，再现当时的场景，让读者仿佛穿越时空，身临其境见证伟大的历史时刻。

任务二：细节描写

方法提示：细节描写是指抓住生活中的细微而又具体的典型情节，加以生动细致的描绘，它具体渗透在对人物、景物或场面描写之中。没有细节描写，就没有活生生的、有个性的人物形象。

请根据上面提示，抓住某一人物的细节描写，品析人物的精神品质。

预设：最后一篇日记是他用已经冻伤的手指哆哆嗦嗦写下的愿望："请把这本日记送到我的妻子手中！"但他随后又悲伤地、坚决地划去了"我的妻子"这几个字，在它们上面补写了可怕的"我的遗孀"。——《南极争夺战》

这里作者想象斯科特在生命的最后，在极寒冷中"哆哆嗦嗦"写信的动作，还想象了斯科特把"妻子"改为"遗孀"时的"悲伤地、坚决地"的心理，从这样的动作中让我们看到了一位勇敢深情的悲情英雄形象。

三、人物探究

在阅读过程中，你一定会被这些传主的品质所深深震撼，不过你有发现作者所选择的传主的独特性吗？

任务三：谁是"群星"

请依据下面的三组人物，分析每组人物之间的异同，探究作者在本书中对传主选择的依据。

屏显：A. 哥伦布　巴尔沃亚　　B. 鲁热　贝多芬　　C. 阿蒙森　斯科特

要求：小组讨论，小组长记录，讨论结束后，小组长汇报结果。

明确：茨威格在为他的传记选择传主时并不是以"取得成功"作为条件，茨威格想要讴歌人性，他是以具有"崇高道德精神"为主要条件，有时在那些失败者身上更能体现其崇高的道德精神。

屏显：我从来不愿意去为那些所谓的"英雄人物"歌功颂德，而是始终只着眼于失败者们的悲剧……在我的传记文学中，我不写在现实生活中取得成功的人物，而只写那些保持着崇高道德精神的人物。譬如说，我不写马丁·路德，而写伊拉斯谟；不写伊丽莎白一世，而写玛利亚·斯图亚特；不写加尔文，而写卡斯特里奥。

——茨威格

四、总结

历史面前，人类实在渺小至极。但历史又是由人类创造，那些决定世界历史的时刻无不由人类所主导。而这些人或是被命运高高举起，送入英雄们的殿堂；或是被狠狠嘲弄，抛入千秋遗恨的行列。这些人的命运或多或少都在给我们一种玄妙的启示，不要小看自己，兴许我们的下一步就在决定历史！

贴近"瞬间"

——《人类群星闪耀时》阅读交流课

【交流目标】

1. 理清本书中这些决定历史瞬间的类别。

2. 体会作者选材的别具一格。

3. 感受决定历史的那一瞬间的魅力。

【交流重点】理清本书中这些决定历史瞬间的类别，感受决定历史的那一瞬间的魅力。

【交流过程】

一、导入

刺激小游戏：14位传主的名字分别写在14张卡片上，请几位学生抽取卡片，抽到谁就给大家简要讲一讲这位传主的事迹。

二、"瞬间"分类

作者选取了14个精彩的瞬间，请试着自选角度，将这14个历史事件分类。

预设：内容上，可从决定性的历史时刻角度，分为：

（1）决定西方格局的瞬间：

拜占庭的陷落

滑铁卢：决定世界命运的一刻

密封列车

威尔逊的失败

（2）人类对世界的探索瞬间：

遁入不朽

埃尔多拉多的发现

越过海洋的第一句话

争夺南极

(3) 人类思想和艺术的光辉瞬间

亨德尔的复活

一夜天才

玛利亚浴场哀歌

英勇的瞬间

逃向上帝

西塞罗

三、"最"瞬间

这些重要的历史瞬间无不散发着光芒，请选择最震撼你的瞬间，根据下面的框架，结合具体情节，谈谈你的感受。

屏显：我印象最深的是_____（填人物）的_____这一历史瞬间，因为_____。

预设：我印象最深的是托尔斯泰在阿斯塔波沃火车站病逝这一历史瞬间，因为托尔斯泰是文学史上在的一位巨匠，在世界上享有盛誉。这样的一个伟人，竟然如此凄惨地病逝于他乡，未能寿终正寝，实在令人唏嘘不已。但这样的结局却又将托尔斯泰的形象放大，让这位文学巨匠更成为人道主义伟人，其高尚的品质更使我们赞叹和仰望。

四、"瞬间"的选择

作者在选材上亦是颇有特点，小语在阅读的过程中便提出了下面的问题。

小语：《浮士德》是歌德的代表作，是他毕生思想和艺术探索的结晶。但在本书中作者却选择了《玛丽恩巴德悲歌》的创作为主要叙述内容，这是为什么？

试着从其他篇目中也提出相似的问题并探究。

预设：列宁领导了十月革命，对俄国的社会主义发展有着重大的影响。但作者却并没有截取如此关键的历史瞬间，却写列宁的回国，这是为什么？

……

根据上面所提的问题，小组合作交流，探究作者选材的特点及其目的。

要求：小组讨论，小组长记录，讨论结束后，小组长汇报结果。

明确：茨威格的历史特写可谓另辟蹊径，独树一帜，尽管14篇历史特写描述的是不同历史时代、不同国家中不同人物的瞬间，但具有共同的思想内涵：(1) 讴歌人性；(2) 以良知对抗暴力；(3) 赞美坚韧不拔；(4) 反思历史。

海底两万里

——儒勒·凡尔纳【法】

一、作品介绍

《海底两万里》是法国作家儒勒·凡尔纳为我们写的一部在海里探险的科幻小说。小说的主人公之一阿龙纳斯教授带着他的随从康赛尔，应邀登上一艘驱逐舰，参与追捕当时盛传的海上"怪物"。不幸的是，在第一次与怪物交锋时，他们就落入海中，和捕鲸手尼德·兰一起成了"怪物"的俘虏。而所谓的"怪物"竟然是一艘名为"鹦鹉螺号"的潜水艇，这艘潜水艇的建造者便是尼摩船长。

尼摩船长邀请他们一起参加海底旅行。脾气暴躁的尼·德兰总想着逃跑，忠诚善良的康塞尔则对海底的奇异景观和形形色色的生活很是着迷，而阿龙纳斯教授对谜一样的尼摩船长充满了好奇。在海底的旅程是充满惊喜的：漫步海底平原，感受白天海底世界的绚烂；夜里探访传说中沉入海底的古城亚特兰蒂，感受月光下古城的美丽；在红海捕捉儒艮，在普罗阿尔岛烤野猪肋排……。但是在海底的这段旅程并非一帆风顺，也有险象环生的时候，如在南极被困冰层，遭遇缺氧危机；在大西洋遭到大章鱼围攻，差点葬身鱼腹；在托雷斯思海峡遭遇搁浅危机，遭到土著人围攻……曲折紧张、扑朔迷离的故事情节，瞬息万变的人物命运，丰富详尽的科学知识和细节逼真的美妙幻想融于一炉，生动形象地描绘了充满神秘色彩的海底世界，读来引人入胜。

二、实施要求

（一）阅读步骤由浅入深、循序渐进

《海底两万里》这本书篇幅较长，如果一开始就让学生啃，会使学生产生畏难心理，影响其阅读的积极性。在计划实施初期，我们可先选择书中比较经典的遇险情节，让他们采用跳读的方式，让学生在短时间内读完，激发他们阅读的积极性。这样一开始降低他们阅读的心理压力，让他们在阅读的乐趣中慢慢喜爱上名著。

（二）确定合理的阅读时间及进度

阅读名著是一个长期的过程，有些学生可能会由于兴趣的转移或课余时间的不足半途而废，或是因为单纯追求情节而盲目冒进。因此，我们要对阅读时间和进度作统筹安排。阅读可课内课外相结合，每周安排一节活动课作固定的阅读课，其余利用课余时间自我阅读。各人根据情况采取精读、略读或浏览的方法一天读4至6章，长期坚持下去，良好的阅读习惯就能养成，阅读的目的就能达到。

（三）充分发挥媒体的作用，激发兴趣

阅读《海底两万里》前，可先让学生从网上查阅凡尔纳的生平资料及作品的背景介绍材料，这样有助于学生更深入地理解作品主题。在活动课上，我们可以播放根据名著《海底两万里》改编成的电影，让学生与名著进行对比，在比较中理解名著的内涵。

（四）指导圈点评注和读后评价两种读书方法

1. 要求学生在读书时随时拿着笔，在字里行间随时记录自己的点滴感受。名著中经典的场景，精彩的比喻，富于启发性的议论性语句，如果能够进行摘抄或制作成卡片，既代表着阅读的收获，也是很有意义的积累。厚积才能薄发。

2. 读书交流会或名著故事会、主题班会、名著故事片段表演等，都是很好的展示活动。既可以了解学生实际的阅读状态，展示阅读的成效，也可以促进阅读活动的深化，促使学生产生阅读成就感，增进阅读效果。

三、导读攻略

【阅读安排】

步骤	海域	篇章	时间规划	阅读反馈形式
1. 根据"诺第留斯号"的航海路线阅读小说。做批注5处和阅读初感	遇见	第1章—第8章	2日	1. 每天摘录5—8个句子做批注。2. 每片海域阅读完成后，用关键词写100字左右的故事简介
	太平洋	第9章—第19章	2日	
	珊瑚岛	第20章—第24章	1日	
	印度洋	第25章—第27章		
	红海	第28章—第29章	1日	
	地中海	第30章—第31章		
	大西洋	第32章—第36章	1日	
	南极圈	第37章—第40章	1日	
	大西洋	第41章—第45章	1日	
	北极圈	第46章—第47章		

续表

步骤	时间规划	阅读反馈形式
2. 选定探究主题，有选择性地细读相关篇目，完成小组阅读活动记录单	一周	完成"《海底两万里》主题探究活动单"
3. 收集整理小组阅读活动记录单，做成相关专题课件，修改并准备班级交流	一周	专题课件

【阅读指导】

第一阶段：

任务：读故事，理情节，析人物。

方法：略读为主，精读略读结合，圈点勾画，完成"故事清单"。

《海底两万里》故事清单

海域	故事情节
遇见	
太平洋	
珊瑚岛	
印度洋	
红海	
地中海	
大西洋	
南极圈	
大西洋	
北极圈	
人物性格（结合具体事件，写出关键词）	
尼摩船长	阿罗纳克斯	尼德·兰	康赛尔

第二阶段：

任务：结合背景，研究主题，评价性阅读，专题探究。

方法：静心细读，进入情境。查找资料，读与思结合。

《海底两万里》主题探究——_____小组活动记录

【要求】

1. 分工合作：组员先独立阅读后完成，组长综合组员结果，做成3—4张幻灯片向全班汇报。

2. 有理有据：内容要有条理地呈现你的探究结果，并要概括或引用原文的具体内容（比如页数、某一段、某一句）作为依据证明你的探究结果。

小组选择专题	
小组分工内容	
组员作业	

【专题选择】

专题一：写航海日记

先绘制一份简单的"诺第留斯号"潜水艇的航行线路图，标明事件、地点。从小说中选择某几个关键的时间点，结合小说内容，写几则航海日记。

专题二：介绍尼摩船长

小说中的灵魂人物尼摩船长是个怎样的人？请你根据作品内容，以最后返回陆地的法国生物学家阿罗纳克斯的身份，给一个亲密的朋友写一封信，向他介绍尼摩船长其人。

专题三：人物赏析（尼摩船长除外）

整本书里面，你最喜欢哪个人物？结合具体情节说说理由。

整本书里面，你最不喜欢的人物是谁？结合具体情节说说理由。

——可用漫画、卡通、速写等绘画方式作为文字的辅助。

专题四：绘制潜水艇简易图

小说中的"诺第留斯号"潜水艇是什么样子的？是根据什么科学原理制造出来的？以什么为动力？内部构造如何？有什么功能？请你绘制一份"诺第留斯号"潜水艇的简易图，标明各个部位的名称和功能，并写一篇简介。然后查找资料，分析这艘科学幻想中的潜水艇和今天的潜水艇有什么异同。

第三阶段：

任务：深入思考，分享交流观点。

方法：小组合作，课堂展示，阅读评价。

1. 小组课件制作

（1）内容要求：内容要立足于成员作业，而非百度搜索，失去阅读、思考的意义。

标题幻灯片拍摄全组的主题探究小组活动记录单,组合成一张,呈现完成情况。内容幻灯片3—5页,内容侧重于观点和理由的呈现,文字打在幻灯片上。

（2）格式要求：

1）字体大小28—32,颜色不要太花哨,或者颜色太浅。

2）以横排为主,便于观看,尽量不要竖排,重点内容要颜色突出。

2. 课堂展示

（1）对每个小组汇报过程中的优缺点进行针对性的指导。

（2）对小组整个的学习过程评定等级。

《海底两万里》小组主题活动评级

小组组长	成员作业	幻灯片制作	班级展示	奖项评定

3. 课后拓展

（1）海底知识知识竞赛。

（2）《海底两万里》手抄报比赛。

多面的尼摩船长

——《海底两万里》导读课

【导读目标】

1. 通过对《海底两万里》的阅读指导,进一步激发课外阅读的兴趣。

2. 学会并运用"快速阅读"的阅读方法,养成良好的阅读习惯。

3. 理解尼摩的人物特点,感受小说中精彩的人物描写。

【导读重点】

1. 学会并运用"快速阅读"的阅读方法,养成良好的阅读习惯。

2. 理解尼摩的人物特点,感受小说中精彩的人物描写。

【导读难点】学会并运用"快速阅读"的阅读方法,在阅读基础上有所思考和质疑。

【导读过程】

一、导入

多媒体出示"潜水艇"的图片。同学们知道这是什么吗？（潜水艇）

大家知道建造一座潜水艇，是一项技术含量很高的事情，然而早在几千年前，法国科幻小说家儒勒·凡尔纳笔下的尼摩船长就在一座小岛上建造了一座全能的潜水艇，并进行了一段惊险的海底两万里旅程。今天，我们就来认识一下这位别样的尼摩船长。

二、快速阅读　方法指导

（一）快速阅读　遇见尼摩船长

任选一章关于尼摩船长的篇章，思考：

1. 你用了____分钟完成这章阅读？这章主要写了什么内容？你认识到了怎样的尼摩船长？（篇章选择：《托雷斯海峡》《一颗价值千万的珍珠》《希腊群岛》《缺氧》《章鱼》）

2. 哪些部分你会跳读？（不是很重要的环境描写和看不懂的科学原理可以跳读。）

（二）交流阅读收获，讨论小结如何快速阅读

（1）从"用海底沉船里的千百万金银来支援陆地上人们的正义斗争"中，可以看出他是一个具有正义感和反抗压迫的战士。

（2）从"南极冰山脱险"中，可出看出他的英勇顽强、不畏艰险、镇定沉着。

（3）从"智斗鲨鱼救采珠人"中，可以看出他同情弱者，心地善良，富有同情心。

（4）从"击退土著人袭击"中，可以看出他知识渊博，有创造力和预见性（在船扶手上装有高压电），遇事沉着冷静。

（5）从"潜航在海底进行大规模的科学研究和躲避开他的敌人和迫害者"，可以看出他的神秘、孤独和追求自由的心理。

（三）快速阅读　方法小结

1. 快速阅读的基本技巧

（1）避免发声（2）减少注视点（3）缩短眼停时间（4）避免回视。

2. 快速阅读的主要方法

【浏览法】浏览法是指对一般不需要细致了解的书籍，只是从总体上粗略掌握书中大概内容的一种阅读方法。它可以在有限的时间内尽可能广泛地了解信息，有助于开阔视野，是博览群书所常用的重要方法。

【扫读法】指对文章内容一目十行地扫瞄，以大容量获取信息的一种快速阅读方法。

【跳读法】指跳过一些无关紧要的部分而直取读物关键性内容的一种快速阅读方法。

【寻读法】指为得到急需的有关资料，在众多相关书籍资料中搜寻查找的一种快速阅读方法。

【猜读法】指在读书读文章时，以所了解的题目或已看的前文作为前提，对后面的内容预作猜想，然后将其与后文实际内容进行印证比较的一种阅读方法。

3. 快速阅读需要注意的问题

第一，要保持注意力的集中。第二，提高整体识读的能力。第三，正确处理好阅读速度与理解、记忆的关系。

三、比较阅读　加深理解

从我们刚才的阅读中认识到了一位英雄般的尼摩船长，可是在小说中也有四处关于他落泪的描写。请阅读这几个片段，说说它们会不会削弱尼摩船长的英雄形象呢？

片段一：船长突然以颤抖的手掩面，想止住悲声，但却未能如愿，他抽泣着说道："那离波涛汹涌的海面数百尺的地方，就是我们静谧的墓地！"

片段二：尼摩船长满身血污，一动不动地站在舷灯旁，凝视着吞噬他的一个伙伴的大海，大滴的泪珠儿从他的眼眶里滚了出来。

片段三：我看到了一张照片，上面是一位年轻绰约的女子和两个小孩。尼摩艇长注视了他们几分钟，然后他向他们伸出自己的双臂，跪倒在地，哽咽抽泣起来。

片段四：他心里好像堵着点什么，胸脯因呜咽抽泣而一起一伏。我听见他在喃喃自语——那是他传到我耳朵里的最后的话语："全能的上帝啊！够了！够了！"

从"含泪掩埋同伴""哽咽抽泣"中，可以看出他虽外表冷郁但内心情感丰富，重情重意，英雄的软肋是他的家人和朋友，他的哭泣会让他更加有血有肉！

四、读有所思

这节课通过快速阅读，我们认识到了英雄般的尼摩船长，也见到了有血有肉的尼摩船长，那么在他的潜水艇里进行两万五千里的旅程一定是件很有趣的事情！那就不要犹豫啦，赶紧开始《海底两万里》的名著阅读之旅吧！

快速阅读的能力不是一朝一夕练就的，需要在平时的阅读中加以训练。请以本节课讲授的快速阅读的方法阅读《海底两万里》的其他篇章，去感受科幻小说的情节惊险曲折、人物栩栩如生、结局出人意料。

向往自由

——《海底两万里》研读课

【研读目标】

1. 明确小说的主题之一是对自由的追求和赞美。
2. 体会自由的丰富内涵。
3. 激发学生课外阅读的兴趣,理解名著阅读的意义。

【研读难点】体会自由的丰富内涵,理解名著阅读的意义。

【研读过程】

一、导入

1.《海底两万里》的旅行线路是怎样的?

从太平洋出发,经过珊瑚岛、印度洋、红海、地中海,进入大西洋、南极。

2. 在这么长的探险路程中遇到了哪些惊险又刺激的事情呢?(请结合故事清单二《海底两万里》的航海路线图交流讨论)

珊瑚岛搁浅、土著人围攻、同鲨鱼搏斗、穿越海底地道、冰山封路、章鱼袭击、南极被困等。

二、美景与自由

1. 如果让你像阿罗纳克斯教授他们一样,去鹦鹉螺号上生活,去经历有惊无险的旅程,你们愿意吗?

引出对"自由"的讨论。

预设一:同意,海底世界丰富多彩,美妙绝伦,还可以吃海鲜,冒险精神、潜水艇太赞。(但是阿罗纳克斯教授他们三人却一直心心念念着要离开,并且为此进行了几次的谋划)

预设二:不同意,太危险了,不能与家人一起,不能回来,没有自由。(阿罗纳克斯教授他们三人也一样,一心想要逃离鹦鹉螺号,并为此进行了几次谋划)

2. 学案上呈现几次谋划的片段,他们为什么要谋划逃跑?(呈现几次关于逃跑的讨论的选段)

(1) 这三个语段分别在什么情况下发生的?

第一个语段:阿罗纳克斯教授三人刚被尼摩船长解救,尼摩船长在观察几天之后,与阿罗纳克斯讨论对他们的安排。

第二个语段：尼德兰在多次想逃离而失败之后忍无可忍，决定付诸行动，与阿罗纳克斯教授和康塞尔讨论逃跑的计划。

第三个语段：阿罗纳克斯教授抱着试试看的心态与尼摩船长讨论放他们三个人回去的事情。围绕的中心就是：阿罗纳克斯三人的自由问题。

（2）我们可以看到，从阿罗纳尔斯教授他们踏进鹦鹉螺号开始到最后的离开，关于"自由"的问题一直就是他们与尼摩船长之间不可调和的矛盾。我们先从选段中找出阿罗纳克斯、尼德兰和康塞尔他们关于自由的语句。说说看，他们追求的自由是什么？

A. 行动不受约束，有祖国、家人，有爱。

B. 为了这个自由，他们愿意付出生命的代价。

3. 为什么尼摩船长在大海里就觉得自由呢？

（1）尼摩船长热爱大海，他认为在大海比在陆地自由、快乐。

（2）尼摩船长痛恨人类社会，痛恨陆地。

（3）尼摩船长认为，在大海里可以建立一个自由平等的人类社会所没有的世界。

4. 假设现在，咱们就在鹦鹉螺号上，面对他们双方的争执，你会站在哪一边，为什么？

预设：尼摩船长，尼摩船长救了他们的命，要求就是待在潜水艇上。

阿罗纳克斯教授，为了自由，他们没有错。

阿罗纳克斯教授他们宁可背负背信弃义的职责，宁可冒着生命危险，也要离开鹦鹉螺号，就是想回到陆地上，想要回到有自己家人、朋友的地方，能更加随心所欲地做自己想做的事情。对他们而言，自由就意味着家人和爱。自由比生命更重要。

5. 你认为在大海之中自由翱翔的尼摩船长，真的获得自由了吗？

小组讨论：不是，他内心怀着对大陆的强烈仇恨，因为放不下对陆地的仇恨，所以最后对陆地来的士兵可以毫不留情地杀害，显现出残忍冷酷的一面。同时，他又异常渴望平等、自由，没有压迫，没有苦难的社会，在陆地的世界里无法实现这种理想，于是选择永远地离开。大海只是他逃避现实的一种选择，并不是让他获得真正快乐的地方。"海底两万里"是一颗流浪的心所能追求的最远距离。在小说结尾，尼摩船长对着家人遗像的悲诉，淋漓尽致地体现了他对祖国土地、人民和亲人的爱。命运注定了尼摩船长对人类的愤懑不平，也注定了他一生都将生活在痛苦中。从这个角度来讲，尼摩船长的灵魂早已伤痕累累。表面的强硬，只是为了掩盖他流血的心。所以，有一颗布满伤痕的心，是无法真正获得自由的。

三、"自由"阅读

我们现在离这本小说问世，已经过了一两百年，上天入海已然不是问题，而且可以通过各种途径直接了解海洋和海底世界，那我们现在阅读这本书还有什么意义呢？

不管时代如何改变，书中所描绘的神秘的绚丽的海底世界，所描写的惊险刺激的冒险经历，所表现的大自然的神奇力量，所体现的作者的严谨态度，所传达的作者的强烈责任感和人道主义精神，对自由的追求和渴望的勇气，都值得我们去学习。正如1884年教皇在接见凡尔纳时所说："我并不是不知道您的作品的科学价值，但我最珍重的却是它们的纯洁、道德价值和精神力量。"

我为你代言

——《海底两万里》阅读交流课

【交流目标】

1. 《海底两万里》的主要人物性格特征。

2. 不同人物性格的异同，作者塑造人物的不同手法。

【交流重点】根据自己的感悟，交流对人物形象的理解。

【交流过程】

一、导入

孔子言：学而不思则罔，思而不学则殆。法国16世纪哲学家、物理学家和数学家笛卡尔说，我思故我在。名著要读，但更重要的是思考，只有这样才能使读书的意义和价值更大。我们已经读名著《海底两万里》近两个月了，今天我们将自己的阅读体会进行交流。

二、幸运大抽奖

1. 通过抽奖的形式，确定人物形象分析和展示的先后。

2. 以抢答的形式，回顾主要人物的身份。

三、名著探讨小组展示

(一)《海底两万里》主题探究——_____小组活动记录。

【要求】：

1. 分工合作

组员先独立阅读后完成，组长综合组员结果，做成3—4张幻灯片向全班汇报。

2. 有理有据：

内容要有条理地呈现你的探究结果，并要概括或引用原文的具体内容（比如页数、某一段、某一句）作为依据证明你的探究结果。

小组选择主题	
小组分工内容	
组员作业	

（二）课前小组课件制作，上课展示。

内容要求：

小组长收集小组成员的名著活动记录单，并制作课件展示。内容要立足于成员作业，而非百度搜索，否则失去阅读、思考的意义。标题幻灯片拍摄全组的这张作业组合成一张，呈现完成情况。内容幻灯片3—5页，内容侧重于观点和理由的呈现，文字打在幻灯片上。

格式要求：

1. 字体大小28—32，颜色不要太花哨，或者颜色太浅。

2. 以横排为主，便于观看，尽量不要竖排，重点内容要颜色突出。

四、其他小组点评、质疑

五、教师补充，小结

阿罗纳克斯：

（1）从他积极参与政府的远征考察活动，可以看出他热爱科学考察事业，具有正义感，希望造福人类。

（2）从他敢于跟随尼摩船长乘坐潜艇作海底两万里的探险旅行和在海底的感悟中，可以看出他有献身科学的精神、渊博的知识和乐观向上的心态。

康塞尔：

（1）从"A. 他愿意冒生命危险跟随主人参与捕鲸行动；B. 看到主人落水后，勇敢地跳下去抢救；C. 在南极缺氧的时候，把最后一丝空气留给主人"三件事中，可以看出他是一个任劳任怨、忠心耿耿的仆人。

（2）从他对各种水生动物进行分类并用专门的本子分类记录，可以看出他是一个有着丰富的知识和做事仔细认真有条不紊的人。

尼德·兰：

（1）经验丰富的捕鲸手。每次投放鱼叉都百发百中。

（2）他性情火暴，受不了被监禁，总是计划逃脱，如果没有他，教授和康塞尔最后不可能回到陆地上。

基　地

——【美】阿西莫夫

一、作品介绍

《基地》（Foundation，意为地基、基石），是美国作家艾萨克·阿西莫夫出版于1951年的科幻小说短篇集，是"基地三部曲"的第一部。本书讲述了在统治银河系达一万两千年之久的银河帝国逐渐走向衰亡期间，心理史学的一代宗师哈里·谢顿集合帝国中最优秀的科学家，来到银河边缘的一个荒凉行星建立"基地"的故事，共由五个短篇故事组成。

二、实施要求

（一）巧用兴趣，读说融合

《基地》是科幻小说，篇幅不长，是七年级孩子比较喜欢阅读的书。在计划实施初期，可放手让学生自由阅读，熟悉小说情节，再通过复述故事的方式，让学生达到读与说的融合。

（二）关注情节，有效创意

《基地》记叙了基地遇到的三次危机及其化解，每次危机不同，化解方式也不同，富有创意。在阅读过程中，不妨让学生问问自己：如果我遇到这样的危机，要怎么解决？让学生在阅读的基础上天马行空，充分发挥想象力，进行创作。这样，学生既能结合原文的创意，同时又拓展了自己的独特创意，无疑是有效的。

（三）文不同，道不同

文本体式不同，决定了阅读方法的不同，其中最主要的是指导学生形成"所需要的阅读能力"，正如王荣生教授所说："教师要做两件事：第一件事，培养学生用合适的方式看待特定的文本；第二件事，指导学生在这种文本中去看什么地方，从什么地方看出什么东西来。"首先，在阅读中必须让学生明白科幻小说是基于事实理论上的幻想，这样的事实理论可能是已经实现的，也有可能是作品发表时尚未实现的，但我们阅读的时代已经实现。因此阅读中要让学生想想小说中的哪些事实理论是已经实现了的。其次，"真正意义上的科幻小说是以一种特殊的幻想方式反映人们在生活中所遇到的各种现实难题和生存困境的文学"（著名儿童文学作家、少年科幻作家杨鹏语）。优秀的科幻小说仍然关注社会、关注未来，甚至关注人性。在阅读指导时要让学生思考《基地》这篇小说的作者关注的是什么。

【实施步骤】

（一）导读阶段（1课时）

本阶段，指导学生阅读教材中"名著引读"的相关内容，并向学生补充导读材料，如作者生平、写作背景、思想内容及艺术特点简析等，让学生对作品先有个大体的了解，然后布置阅读任务、明确阅读要求、统一阅读进度。另外，教师还应指导学生掌握一些阅读科幻小说的基本方法。

（二）积累性阅读阶段（安排3天左右）

本阶段要求学生以泛读为主，设计作业如下：

1. 摘抄语段：摘抄阅读到的精彩语段，并做简单点评。

2. 内容概括：概括每篇故事的内容，不少于300字。

3. 写读后感：围绕一个中心来写，力求有自己的见解，不少于500字。（考虑到学生差异，不同程度的学生可以从以上作业中任选其二来完成。）本阶段，教师以培养学生阅读兴趣，形成良好阅读习惯为中心目标，3天后抽查学生作业并做有针对性的指导。在阅读完全书后，安排1课时，由学生发言、讨论，教师归纳、总结。

（三）探究性阅读阶段（安排3天左右）

教师指导学生了解科幻小说的思想内容和艺术特色（安排1课时），组织学生根据教师指导，查找资料，完成一篇读书笔记，尝试分析小说的思想内容、艺术特色。

（四）总结阶段（安排3天左右）

本阶段准备开展"银河帝国"系列拓展阅读、读书笔记展评、读书经验交流会等活动，一方面继续调动学生课外阅读的积极性，另一方面帮助教师检测学生的阅读成果。

三、导读攻略

【积累性阅读阶段】

任务：读故事，理情节，谈感受。

方法：略读为主，精读略读结合，圈点勾画，读书摘记。

读书摘记卡（例）

好词摘录：
奇文共赏1： 点评： 奇文共赏2： 点评：
思维火花：

【探究性阅读阶段】

任务：结合背景，研究主题，评价性阅读，专题探究。

方法：静心细读，进入情境。查找资料，读与思结合。

《基地》探究阅读——＿＿＿＿＿＿小组活动记录

【要求】

1. 分工合作

组员先独立阅读后完成，组长综合组员结果，以PPT形式向全班汇报。

2. 专题阅读

内容要有条理地呈现你的探究结果，并要概括或引用原文的具体内容（比如页数、某一段、某一句）作为依据证明你的探究结果。

小组选择主题	
小组分工内容	
组员作业	

【专题选择】

专题一：介绍心理史学。介绍心理史学的产生及其在小说中发挥的作用。

专题二：介绍哈里·谢顿在小说中的作用。小说中的心理史学宗师、基地之父哈里·谢顿是个怎样的人？请你根据作品内容，对哈里·谢顿做个介绍。

专题三：谁是英雄（哈里·谢顿除外）。在这本书里，谁化解了基地面临的一次次危机，他们是不是英雄？

专题四：幻想再创

小说中的赛佛·哈定说"武力是无能者最后的手段"，假如用武力去解决危机，银河系又会发生怎样的动荡。请你试着发挥自己想象的翅膀，对"基地"的发展进行再创造。

总结阶段

任务：奇文共赏，分享交流观点。

方法：小组合作，课堂展示。

【阅读评价】

1. 小组展示：可以是课件，可以是手抄报，也可以是心得分享。

2. 课堂展示：对每个小组汇报过程中的优缺点进行针对性的指导。

走近基地话科幻

——《基地》导读课

【导读目标】

1. 了解阿西莫夫及其作品。

2. 了解科幻小说三要素："科学""幻想""小说"。

3. 通过对《基地》的阅读方法指导，激发学生阅读科幻小说的兴趣。

【导读重点】学会并选择恰当的阅读方法，养成良好的阅读习惯。

【导读难点】学会并选择恰当的阅读方法，并在阅读文章的基础上，有所思考和质疑。

【导读过程】

一、导入

人类蜗居在太阳系的第三颗行星上，生活了十多万年之久。他们在这个小小的行星（他们称之为"地球"）上，建立了两百多个不同的行政区域（他们称之为"国家"），直到地球上诞生了第一个会思考的机器人。人类在机器人的帮助下，开启了星际殖民运动，将银河系卷入漫长的星际战国时代，一个统治超过2500万个住人行星、疆域横跨十万光年、总计数兆亿人口的庞大帝国崛起——银河帝国。在银河帝国建国后的12020年，一个刚满32岁的年轻数学家哈里·谢顿开创了"心理史学"，用数学公式准确推演全人类的未来。谢顿的第一个预言是：已存在一万两千年之久的银河帝国即将灭亡。

一时间，帝国飘摇，各方势力立刻剑拔弩张，传奇就此开启……

二、走进作者

介绍阿西莫夫及其作品：

艾萨克·阿西莫夫（Isaac Asimov，1920年1月2日—1992年4月6日），美国著名科幻小说家、科普作家、文学评论家，美国科幻小说黄金时代的代表人物之一。

阿西莫夫一生著述近500本，题材涉及自然科学、社会科学和文学艺术等许多领域，其作品中《基地系列》、《银河帝国三部曲》和《机器人系列》三大系列被誉为"科幻圣经"，曾获代表科幻界最高荣誉的雨果奖和星云终身成就大师奖。

代表作：

【基地系列】

《银河帝国1：基地》　　　　　　　《银河帝国2：基地与帝国》

《银河帝国3：第二基地》　　　　　《银河帝国4：基地前奏》

《银河帝国5：迈向基地》　　　　　《银河帝国6：基地边缘》

《银河帝国7：基地与地球》

【机器人系列】

《银河帝国8：我，机器人》　　　　《银河帝国9：钢穴》

《银河帝国10：裸阳》　　　　　　《银河帝国11：曙光中的机器人》

《银河帝国12：机器人与帝国》

【帝国系列】

《银河帝国13：繁星若尘》　　　　《银河帝国14：星空暗流》

《银河帝国15：苍穹一粟》

三、《银河百科全书》

1. 关于"哈里·谢顿"

生于银河纪元11988年，即基地纪元前81年，卒于12069年，即基地元年。他自幼就显露出惊人的数学天份，一生最大的贡献，是心理史学的开拓。当他刚接触这门学问时，心理史学只能算是一组含糊的公设。谢顿从这些公设出发，导出了一门深奥的统计科学……）

2. 关于"川陀"：

川陀是银河帝国的首都，位于银河的核心区域，是人类历史上最密集、最富庶的社群。由于川陀依靠其他世界供应粮食，甚至所有的日常用品，故这个行星因此越来越容易被其他世界以包围封锁的手段征服。在帝国最后的千年，保卫川陀脆弱的经济动脉变成了帝国的首要政策……

3. 关于"心理史学"

心理史学的创始人哈里·谢顿，以银河系中百亿亿居民为研究对象，分析历史上大规模人群的活动产生的一系列经济社会政治效应，得出普遍的规律，并以此来预测人类社会的发展。此理论成功的预见未来人类的银河帝国将会经历一段长达三万年的充满无知、野蛮和战争的黑暗时期，以及第二银河帝国的出现。

四、阅读有方法

古往今来的众多文化名人都是"读"出来的，叶圣陶说："他们有个不二法门，就是熟读名文，读着读着，自己顿悟。"科学的阅读方法是阅读效果的保证。有了科学的方法，往往会收到事半功倍的效果。阅读时一般根据篇幅长短与精美程度大致可以采用下列几种方法：

1. 浏览法。对于那些篇幅较长或内容不是很重要，但自己又必须了解的文章，采用此法。一般只要求了解内容概况、文章主题、主要的写作方法等。

2. 精读法。对于那些文质兼美、篇幅又不长的文章，可以采用此法。通过对文章语言的品味，构思的揣摩，进而把握文章的内容和作者的情感、写作的特点，从而获得知识和受到情感的熏陶。

3. 读书笔记法。这是一种深化阅读，把读与写结合起来的阅读方法。比较贴近生活，易引起自己感触的文章，采用此法，既把书读深读透，又能提高文化素养。

五、《基地》初阅读

请你任选某一篇、某一章、某一段，用自己喜欢的方式阅读，并说说你获得的感受。

六、初读有思考

1. 这篇小说是如何体现"科幻小说"的特点的？

学生归纳，教师作预设性总结：

（1）科学：与一般的传统小说不同，其特殊性在于它与科学技术的发展有着直接的联系，能让读者间接了解到科学原理——但它又是一种文艺创作，文笔夹杂着一丝对未来想象的感性。

（2）幻想：小说构建了一个庞大的银河帝国体系，星球之间采用"超空间跃迁"的方式进行行星际旅行，以核能作为主要的能源，科幻了空中飞船、核能手枪、三位全息影像、人造阳光等。

（3）小说：小说的三要素——人物、故事情节和环境都具备。

2.《基地》虽然是科幻小说，但国与国之间的交往与我们现实社会有何相似？

《基地》对于社会形态和变革的设定，据说有罗马帝国的影子，将科学披上宗教的外衣来统治周边的蛮荒国家，但随着宗教逐渐受到抵制，贸易的无孔不入和随之而来的金融，又再次巩固了基地的统治地位。不论是科学、宗教，还是金融，与我们现实社会国与国的交往均有相似之处。

七、小结

科幻小说正如异域风情，带给热爱旅行的人们惊喜，使现实世界中的成年人和孩子们在忙碌之后放飞想象力，驰骋万里，超越现实。让我们一起插上想象的翅膀，在"基地"上空飞行……

逢凶化吉真英雄
——《基地》研读课

1. 通过跳读概览，快速阅读文本和提取关键信息。
2. 理解人物形象特征和主旨意义。
3. 进一步理解科幻小说中幻想与现实的联系。

【研读重点】进一步理解科幻小说中幻想与现实的联系。

【研读难点】理解"武力是无能者最后的手段"这句话的含义。

【研读过程】

一、请你回忆《基地》遇到了几次危机，又是怎样化解的。

第一次是基地纪元50年，安那克里昂独立后企图在端点星上驻军，以控制基地掌控核能。哈定拜访了四王国中的其它三个，指出安那克里昂拥有核能后对其它三王国的危害性。一星期后安那克里昂收到了其它三王国的联合最后通牒，遂从端点星撤军。哈定借此奠定威信，并夺取端点星市政大权，成为名副其实的市长。用"科学"化解了第一次危机。

第二次危机是基地纪元80年，安那克里昂收获了一艘帝国巡弋舰，在军事实力上大大超过斯密尔诺、高努姆和洛瑞斯三个王国总和，以此要挟基地屈服。哈定借助30年间在安那克里昂建立的教士宗教制度，成功解决危机，杀死了摄政王温尼斯，并和四王国签订协议。从此四王国成为基地的附庸。用"宗教"的力量化解了第二次危机。

第三次危机是科瑞尔下令入侵基地，然而由于马洛意识到宗教入侵的危害性，利用贸易策略，对各星球以技术输出的方式进行经济渗透，建立起贸易关系，且是以基地输出为主的贸易顺差。宗教控制已被贸易控制所代替，第三次谢顿危机用"贸易"解除了。

二、精彩片段赏析

师：在你的阅读过程中，这部作品有哪些地方吸引着你？用十分钟时间搜寻并做出自己的赏析。

（1）学生圈出吸引自己的片段、句子或词语，并选一处或两处在旁边做批注。

（2）学生交流自己的赏析。

示例：

各位放眼望去只能见到表面的强盛，看起来好像帝国会延续千秋万世。然而，检察长大人，腐朽的树干在被暴风吹裂之前，看起来仍旧保有昔日的坚稳。目前暴风已经在帝国的枝干呼啸，我们利用心理史学倾听，就可以听见树枝间发出的叽嘎声。

评：谢顿运用比喻的修辞手法，把帝国比作树，生动形象地写出了帝国衰落之前表面上依旧繁荣但实际上病入膏肓的情景。

（3）幻想与现实的联系

师：《基地》是一部纯虚构的科幻小说，据你的了解，书中哪些想象事物如今已经变成了现实？通过这些事例你能看出科幻小说与科技发展的某些关系吗？

学生各抒己见。

预设：由于作者勤奋好学，所以他符合科学原理的幻想成为他别具一格的特色，当今社会核能手枪、三位全息影像、人造阳光、宇宙飞船等已不单单是幻想。由此可见具有创造力且符合科学的幻想，始终引领预示着科技的发展。

三、拓展

不知道大家是否发现，每次危机之后，谢顿总会现身，来总结这次危机。而谢顿每次都要说的一句话的意思就是：

"你们度过这次危机的机会有……"

请你说说能度过每次危机的机会有什么？

提示：即使哈定、马洛由于种种不确定的原因而没有掌握端点星的权力，也会有其他"英雄"横空出世，让基地凭借其自身预设的科技优势和其他能力，渡过一次次谢顿危机。用《基地》里的话来说：

> "我们盲目信仰谢顿的心理史学——它最重要的前提之一，就是个人行为绝对不算数，绝不足以创造历史。因为复杂的社会和经济巨流会将他淹没，使他成为历史的傀儡。"
>
> "这些尝试，就像是你在水面上拍击出的涟漪，而谢顿的巨浪则继续向前推进，虽悄无声息，却势不可挡"。

四、讨论研读

赛佛·哈定说"武力是无能者最后的手段",请你说说在三次危机化解中,基地的领导者如果使用了武力将会是怎样的结果?

五、课堂总结

我想说,一位优秀的科幻小说家首先必须一位优秀的小说家。科幻只是一种外在的形式,小说家使用科幻元素来为自己的理念或者小说主旨的展现铺路,显然,阿西莫夫非常好地做到了这一点。这也正是他的伟大之处。

回望基地鉴未来
——《基地》阅读交流课

【交流目标】

1. 通过阅读交流,进一步激发学生阅读科幻小说的兴趣。

2. 理解科幻小说中英雄人物精神力量和人物的特点。

【交流重点】理解科幻小说的特点,尤其是它的科学性和幻想性。

【交流难点】感受小说中精彩的人物描写。

【课前准备】学生每人写500字左右的读后感。

【交流过程】

一、导入

过去和昨天均是历史。科幻小说打动人心的,是对未来的想象。阿西莫夫与众不同之处在于,他的"基地"系列写的是明天的历史,是遥远未来的历史!他是用史诗般的笔触,用"基地"系列的宏大篇章,娓娓讲述了来自"银河帝国"的不朽历史。

二、再读《基地》

1.《银河帝国:基地》共分为五篇,分别是:

第一篇:心理史学家

第二篇:百科全书编者

第三篇:市长

第四篇:行商

第五篇:商业王侯

请你任选一篇,概括篇章内容。

三、人物赏析

请你结合文本中情节说说你对哈定、马洛的评价，说说带给你什么样的精神力量。并说说科幻小说中英雄人物的形象特点。

明确：1. 具备科学技能；2. 尊重科学；3. 有质疑精神；4. 有人文关怀。

四、博弈与平衡

赛佛·哈定说："武力是无能者最后的手段。"结合当下社会现实，说说你新的体会。学生展示。

五、科幻与现实

著名儿童文学作家、少年科幻作家杨鹏这样诠释科幻小说："在许多人的观念中，科幻小说是一种充斥着巨大的昆虫、入侵的怪物、疯狂的科学家、失去控制的机器人和暴力行为的文学。事实上，科幻小说的领域要比以上的理解宽泛得多。从某种程度上说，真正意义上的科幻小说是以一种特殊的幻想方式反映人们在生活中所遇到的各种现实难题和生存困境的文学。"

问：请你说说《基地》乃至"银河帝国"系列究竟反映了地球人遇到了什么难题和生存困境，你认为又该如何解决呢？

明确：可以说，《基地三部曲》就是一部反映人类为了在宇宙中生存而进行的斗争史。阿西莫夫第一次把想象的触角延伸到未来的极限，让人在惊诧于他丰富想象力的同时，也体验到科幻小说所带给人精神上的震撼。

哈利·波特与死亡圣器

————J. K. 罗琳【英】

魔法，有另一只眼……

一、作品介绍

【名著档案】

书　　名：	《哈利·波特与死亡圣器》	体　　裁：	魔幻文学系列小说
作　　者：	J. K. 罗琳	成书时间：	2007 年
人　　物：	哈利·波特　赫敏　罗恩　邓布利　斯内普　伏地魔　马尔福等		
关 键 词：	魂器　死亡圣器　决战　魔法　爱		
地　　位：	世界畅销小说		

【作者简介】

J. K. 罗琳（1965—），英国女作家，自小喜欢写作，当过短时间的教师和秘书。二十四岁那年，她在前往伦敦的火车旅途中萌生了创作"哈利·波特"系列小说的念头。七年后，《哈利·波特与魔法石》（1997）问世，随即她以每年一本的速度创作了《哈利·波特与密室》（1998）、《哈利·波特与阿兹卡班的囚徒》（1999）、《哈利·波特与火焰杯》（2000）、《哈利·波特与凤凰社》（2003）和《哈利·波特与混血王子》（2005），一股"哈利·波特"飓风在全球刮起。2007 年 7 月，她的第七部作品，也是"哈利·波特"系列的终结篇《哈利·波特与死亡圣器》在全世界"哈迷"的翘首期盼中问世，再次在世界范围内掀起更大规模的"哈利·波特"阅读狂潮。

J. K. 罗琳

【创作背景】

据说，罗琳是在旅店房间的一个半身像上完成了《哈利·波特》的终结版。创作期间罗琳同意拍摄一部关于自己的纪录片，这部纪录片使她重回爱丁堡的住所，看到这个破旧的小房间，罗琳热泪盈眶，这里见证了她人生的转折。《哈利·波特与死亡圣器》在2007年出版发行。

【内容概述】

（一）思想意义

《哈利·波特与死亡圣器》是"哈利·波特"系列小说的终结篇，作者通过塑造的虚构魔法世界来表达自己对现实社会及人性道德的思考。小说既通过虚构的魔法世界为人们展现了想象的魅力，又探讨了爱和拯救、忠诚和背叛、善恶共生等话题，成功塑造了哈利·波特这一英雄形象。

《哈利·波特与死亡圣器》中的伏地魔是一个大反派，他所领导的食死徒是邪恶的代表。哈利·波特与同伴经历了一系列事件与磨难，终于杀死了伏地魔，体现了正义终将战胜邪恶的思想。同时，哈利波特愿意牺牲自己而换取魔法世界的和平，体现了崇高的自我牺牲精神与舍己为人的高尚品德。此外，书中人物的团结友爱也值得我们学习。

（二）内容速览

本篇小说主要讲述了十七岁的哈利本应在霍格沃茨魔法学校继续最后一年的学业，但为了完成已故魔法学校前任校长邓布利多留给他消灭伏地魔的任务，哈利和好友面对伏地魔及其追随者食死徒的围追堵截，隐形遁迹历经艰险，最终销毁多个魂器并战胜伏地魔，取得魔法世界伟大胜利的故事。

哈利·波特与死亡圣器		
	开端	哈利·波特安全转移，伏地魔展开行动。
	发展	哈利·波特逃脱追捕，四处寻找魂器。
	高潮	哈利·波特找到魂器并解开疑惑，欲与伏地魔决一雌雄。
	结局	伏地魔死亡，魔法世界重归平静。

【作品迁移】

第一部：《哈利·波特与魔法石》

从小被寄养在姨父家里的哈利·波特，饱受姨父家人的歧视与欺侮，然而就在11岁生日那天，哈利·波特得知了自己原本是巫师，并且录取为霍格沃茨魔法学校中的一员，登上霍格沃茨特快列车，哈利开始了他的魔幻旅程，并结识了好友罗恩和赫敏。

第二部：《哈利·波特与密室》

传说中的密室被斯莱特林的继承人打开，哈利因为会蛇佬腔被所有人怀疑，哈利发现一本记录了汤姆里德尔50年前的记忆的神秘日记，随之校园内不断发生恐怖袭击事件。罗恩的妹妹金妮被带到密室，生死未卜，霍格沃茨面临被迫关闭的危机。哈利终于找到密室入口，最终销毁伏地魔留下的神秘日记，挽救了霍格沃茨。

第三部：《哈利·波特与阿兹卡班囚徒》

哈利·波特因为把污蔑父母的玛姬姑妈变成了一个胀大的气球，于是就离开姨妈家开始新的冒险。在归校途中，哈利见识到了传说中的摄魂怪，并知悉了他父母的死因，这一切都归罪于小天狼星布莱克。哈利决定报仇，在追寻真相的过程中发现小天狼星是清白的，于是在校长邓布利多的指导下帮助小天狼星逃脱。

第四部：《哈利·波特与火焰杯》

霍格沃茨迎来了魔法师界的盛事：三强争霸赛。邪恶魔法师用魔法使不够年龄的哈利成为三强争霸的第四位选手。在好友赫敏、罗恩的帮助下，哈利顺利完成三项任务，当哈利与他的同学塞德里克一起捧起高脚杯迎接胜利时，噩梦才刚刚开始，奖杯是一把门钥匙，把哈利带到了一座墓地。哈利的血液令藏在蛇身十三年的邪恶伏地魔复活了。

第五部：《哈利·波特与凤凰社》

哈利·波特在暑假期间意外地遭遇摄魂怪的袭击，处于茫然和愤怒之中的哈利向邓布利多校长求助无果。更糟糕的是，哈利越来越频繁地做同一个噩梦，他觉得自己的身体里蠕动着一条大蛇，自己可能就是那条大蛇。由此牵出了一个天大的秘密。

第六部：《哈利·波特与混血王子》

新学期哈利·波特在机缘巧合之下翻到一本魔药课本，它的前任主人是"混血王子"，从此哈利在神秘王子的帮助下成为"魔药奇才"。哈利还了解到伏地魔不同寻常的身世之谜。由于邓布利在寻找伏地魔魂器的过程中误喝了不知名的毒药，后被斯内普杀害，哈利决定完成邓布利多的遗愿，去寻找剩下的魂器。

【阅读价值】

"哈利系列"是魔幻文学的创作巅峰，惊险刺激的情节，丰富的想象力下传统文化与现实生活的完美结合及复杂多面的人物塑造带给阅读者前所未有的阅读体验。同时，作品中蕴藏的生死观、善恶说及爱与力量等主题值得阅读者深切体味！

二、实施要求

【设计理念】

遵循整本书阅读的原则，基于学生对魔幻小说的阅读兴趣及对作品情节的好奇心，以"情节—人物—主题"线为抓手推进浏览速读训练，了解故事情节；同时，作为魔幻小说，丰富的想象力是它的生命力，在阅读中关注学生想象力的培养。"哈利系列"文学风靡全球，影视文学也火爆异常，在对比阅读中去推开魔法文学的另一只眼，引导学生在对比阅读中感知创作者或编导者的创作意图。

《哈利·波特与死亡圣器》情节奇特，魔幻手法将虚拟与现实巧妙结合，因此用另一只眼读出魔法世界的魅力是本设计的关键，从"情节——人物——主题"三个角度由浅入深解读魔法世界，探究"魔法世界"的是是非非，熟悉作品内容；品析"魔法之中"的人性与人生，感受人物形象；探究"魔法之外"的"我"之追求，思考作品的意义。

【整体框架】

《哈利·波特与死亡圣器》教学流程设计大致如下：

（一）以浏览、通篇速读的方式让学生借助"篇章阅读指导"完成对作品内容的熟悉，并在观影的基础上实现文学作品与影视表现手法的对比阅读，初步体验写作手法。

（二）围绕"情节·内容""人物·形象""手法·主题"三条线进行导读熟知、精读感悟与自读交流三课时的指导设计。

（三）以篇章精读的形式品读人物，以分析手法运用的目的来把握作品主旨，挖掘魔幻小说的魅力。

三、导读攻略

【阅读策略】

借助影视的影响引导将原著与电影进行比较阅读，在对比阅读中了解故事内容，并以提炼关键词的方式评析人物形象；在阅读中链接名人名家对作品的评论材料生发对作品的创作艺术特色及主题内涵的思考，关注魔法世界的"另一只眼"，读出作品的大众情怀，读出作品的自我思考，结合相关材料尝试阅读随感的写作。

【阅读计划】（任务导读单）

要求：25天+9个阅读阶段+10个作品"名词贴士"=1部作品阅读

借助导读单，边阅读边批注（直接批注在书上）。

阶段一：安全转移

阅读时间	3天
阅读篇章	1—5章。黑魔头崛起—回忆—德思礼一家离开—七个波特—坠落的勇士
情节链	伏地魔崛起—哈利转移—伏地魔阻击—哈利险中脱身
内容概述	伏地魔召得知哈利·波特即将转移的消息，决定借用卢修斯的魔杖追杀哈利。哈利在佩妮姨妈的家里看到了关于阿不思·邓布利多的报道，勾起回忆 　　罗恩、赫敏、弗雷德、乔治、芙蓉和蒙顿格斯六人喝下复方汤剂变成哈利的模样，七个"哈利"同时向不同的安全房屋出发以迷惑伏地魔和食死徒。在混战中，乔治失去了一只耳朵，疯眼汉死了，哈利内心十分难受，额头上的伤疤突然疼痛，他进入了伏地魔的思想，看到伏地魔在审问一个老头儿
名词贴士	阿不思·邓布利多：霍格沃茨魔法学校已故校长

阶段二：短暂安全

阅读时间	2 天
阅读篇章	6—8 章。穿睡衣的食尸鬼—邓布利多的遗嘱—婚礼
情节链	婚礼前的准备—邓布利多的遗嘱—婚礼上的坏消息
内容概述	韦斯莱夫人不希望哈利去冒险，安排三个给芙蓉与比尔即将举行的婚礼帮忙。哈利三人偷偷讨论关于魂器的事情，为寻找魂器，罗恩养了一只食尸鬼来假冒自己，赫敏则用魔法修改了父母的记忆。在婚礼的前一天，魔法部部长鲁弗斯·斯克林杰来到陋居，向哈利、罗恩和赫敏宣读阿不思邓布利多的遗嘱，罗恩得到熄灯器，赫敏得到《诗翁彼豆故事集》，哈利得到宝剑和金色飞贼。第二天的婚礼上，哈利喝下复方汤剂变成红头发麻瓜男孩的模样去迎宾。 　　守护神来报信说斯克林杰死了，魔法部垮台，伏地魔要来了
名词贴士	魂器：伏地魔为了永生不死，将自己的灵魂分裂创造了六个魂器。只有消灭了伏地魔的魂器，才能彻底杀死伏地魔

阶段三：格里莫广场 12 号

阅读时间	2 天
阅读篇章	9—11 章。藏身之处—克利切的故事—贿赂
情节链	从陋居逃走—藏身格里莫广场 12 号—得知魂器挂坠盒的下落
内容概述	陋居的保护魔咒被破坏，赫敏、罗恩、哈利三人施魔法逃离陋居。途中遇见食死徒，他们打败食死徒后决定前往格里莫广场 12 号。哈利伤疤又开始疼痛，他看见伏地魔惩处食死徒。 　　失眠的哈利发现了母亲的信件，惊喜地发现魂器之一的金挂坠盒是属于小天狼星的弟弟雷古勒斯的，并从克利切口中得知挂坠盒是雷古勒斯用生命换来的。 　　卢平带来魔法世界的消息，他希望与哈利三人同行，被哈利拒绝后愤怒离开
名词贴士	格里莫广场 12 号：纯血统巫师布莱克家族的住宅。小天狼星布莱克继承了这所房子，并将它作为凤凰社的总部。他死后把这里留给了哈利。 金挂坠盒：伏地魔的魂器之一

阶段四：寻找魂器

阅读时间	2 天
阅读篇章	12—15 章。魔法即强权—麻瓜出生登记委员会—小偷—妖精的报复
情节链	潜入魔法部—得到挂坠盒—四处寻找魂器—发生冲突后罗恩离开
内容概述	哈利穿着隐形衣躲过食死徒的监视，带回斯内普接任霍格沃茨校长的消息，赫敏、罗恩十分震惊和愤怒。经过侦查，三人决定潜入魔法部。哈利的伤疤再次疼痛，他看见伏地魔在寻找格里戈维奇并杀死了一个女人。

续表

内容概述	哈利三人喝下复方汤剂变成魔法部的职员进入魔法部，救出了受审的人们并拿到了魂器金挂坠盒。在逃走时，赫敏被抓，罗恩受伤。哈利将挂坠盒戴在脖子上，伤疤开始疼痛，他看见伏地魔正在拷问格里戈维奇偷走老魔杖的人是谁。 哈利三人继续在外面流浪，偶然得知宝剑下落。哈利想找到宝剑，但没有明确计划的流浪令罗恩与哈利发生了争吵，罗恩负气离开。
名词贴士	伏地魔：急于找到老魔杖，因为自己的魔杖与哈利的魔杖是孪生杖芯而无法杀死哈利。 麻瓜：指没有魔法能力的一般人

阶段五：戈德里克山谷遇险

阅读时间	3 天
阅读篇章	16—19 章。戈德里克山谷—巴希达的秘密—阿布思·邓布利多的生平和谎言—银色的牝鹿
情节链	前往戈德里克山庄—遇袭—逃脱—找到格兰芬多宝剑—罗恩回归
内容概述	罗恩离开，哈利和赫敏情绪低落。赫敏发现了图形标志，哈利认出是金链子上的符号。哈利和赫敏决定去找邓布利多家人和哈利父母的坟墓，并在墓碑上发现那个符号。被大蛇纳吉尼附身的巴希达诱导哈利上楼并现身大蛇偷袭哈利，哈利、赫敏与大蛇缠斗并成功逃脱，但哈利的魔杖被赫敏的爆炸咒打到而断成两截。银色牝鹿引导哈利发现池塘中格兰芬多的宝剑，哈利跳进池塘拿宝剑时，被挂坠盒的链子勒住了脖子，罗恩及时赶来救下哈利并用宝剑摧毁了魂器挂坠盒
名词贴士	戈德里克山谷：哈利的父母曾经缠身的地方，也是他们长眠的地方。邓布利多及其家人也曾在此居住过。 纳吉尼：伏地魔身边的大蛇，也是他的魂器之一

阶段六：死亡圣器

阅读时间	3 天
阅读篇章	20—23 章。谢诺菲留斯·洛夫古德—三兄弟的传说—死亡圣器—马尔福庄园
情节链	得知死亡圣器—谢诺菲留斯的出卖—险中逃脱—被抓到马尔福庄园
内容概述	谢诺菲留斯告诉哈利他们婚礼上戴的那个标志就是死亡圣器的标志，并告诉他们死亡圣器就是书中的老魔杖复活石、隐形衣，并且故事里的三兄弟就是指佩弗利尔三兄弟。在收听完波特望站广播后，哈利不小心说出了"伏地魔"这个禁忌的名字，三人被搜捕队抓获并被带到了马尔福庄园。小精灵多比为救哈利和被关在马尔福庄园地牢里的人而牺牲。
名词贴士	死亡圣器：传说中的三兄弟用魔法躲过了死神，死神假意祝贺他们，并许诺他们每人可以获得一样东西作为奖励，这三样东西就是死亡圣器。 竖线代表老魔杖。 圆圈代表复活石。 三角代表隐形衣

死亡圣器的标志

阶段七：剩下的魂器

阅读时间	5 天
阅读篇章	24—30 章。魔杖制作人—贝壳小屋—古灵阁—最后的隐藏之处—丢失的镜子—失踪的冠冕—西弗勒斯·斯内普被赶跑
情节链	潜入古灵阁—拿到赫奇帕奇的金杯—前往霍格沃茨—遇到食死徒—安全逃脱—霍格沃茨准备战斗
内容概述	哈利潜入古灵阁的金库，冒险拿到魂器赫奇帕奇的金杯。伏地魔十分愤怒，决定返回隐藏魂器的每一个地点，以加固防护措施。由于哈利闯入了伏地魔的思想而得知了伏地魔的想法，决定赶去霍格沃茨寻找下一个魂器。三人通过酒吧阿利安娜肖像后隐藏的通道进入霍格沃茨，与邓布利多军的人碰面并获得了帮助，逃脱了食死徒的追捕，并获得了麦格教授的帮助
名词贴士	古灵阁：魔法世界里由妖精经营的一家银行，可以存钱或是租用保险箱。 阿不福思：邓布利多的弟弟，因为妹妹阿利安娜的死而怨恨邓布利多

阶段八：最后的战斗

阅读时间	4 天
阅读篇章	31—36 章。霍格沃茨战斗—老魔杖—"王子"故事—又见禁林—国王十字车站—百密一疏
情节链	伏地魔到来—寻找拉文克劳冠冕—魂器被毁—斯内普被杀—记忆真相—哈里面对伏地魔—哈里被杀—哈里复活—伏地魔死亡
内容概述	伏地魔宣称只要交出哈利·波特就放过霍格沃茨所有的人。哈利三人在有求必应屋寻找拉文克劳冠冕遇到马尔福和他的朋友。双方打斗中冠冕被克拉布释放的黑魔法厉火毁掉。哈利再次通过伏地魔的思想得知了他的所在，在冥想盆里回顾了斯内普的记忆，明白了所有的真相。伏地魔发出咒语击杀哈利，哈利醒来发现自己在国王十字车站，并明白了自己复活的原因。 　　霍格沃茨的守护者决定与伏地魔展开死战。激战中，哈利现身直面伏地魔。伏地魔使用索命咒，却反弹到自己身上，伏地魔死亡。哈利留下隐形衣，用老魔杖修复了断裂的魔杖，并将它放回邓布利多的坟墓中，这样在他正常死亡之后，老魔杖的力量就毁灭了
名词贴士	拉文克劳的冠冕：魂器之一，被藏在了有求必应屋中的一座雕像上

阶段九：死亡圣器

阅读时间	1 天
阅读篇章	尾声：十九年后
内容概述	十九年后，哈利与金妮结婚，拥有詹姆、莉莉、阿不思三个子。罗恩与赫敏结婚，拥有罗丝、雨果两个孩子。他们来到九又四分之三站台送孩子们去霍格沃茨。哈利看着远去的火车，摸了摸额头上的闪电伤疤，十年未疼过了，一切太平

【阅读指导】

以速读为主，精读为辅，但基于本小说独特的情节和魔幻世界的魅力，阅读本书大家可能"爱不释手"，那就"速读"；随着紧张、精彩的情节发展一直读下去，读完之后，如果有感兴趣的问题，可以展开"精读"，比如对书中人物进行分析评价，对书中的细节点与精彩点进行赏析等。

魔法世界·魔幻故事

——《哈里·波特与死亡圣器》导读课

【导读目标】

1. 借助"阅读任务单"熟悉作品内容。

2. 区分影视作品与原著，引导对比阅读，感受魔幻小说创作手法。

【导读重点】熟知作品内容，初步感知魔幻小说特点。

【课前准备】初步阅读作品并观看电影《哈里·波特与死亡圣器》

【导读过程】

导语：有人挥了一下魔杖，一个带着闪电疤痕的男孩让全世界陷入了狂热……

在这个世界里发生了什么？翻开作品，一起去往哈利的世界寻找属于你自己的世界！

一、复述作品："魔法世界·抢鲜看"

1. 教师出示抢答题——

---

1. 在作品中，为了安全转移哈利，凤凰社_____个成员喝下了复方汤剂变成了哈利，真哈利跟着_____闯出了食死徒的包围圈。　　　　　　　　　　【答案：6、海格】

2. 作品中蒙顿格斯被小精灵_____抓到，说出了金挂坠盒的下落。　【答案：克力切】

3. 判断错误。

　　哈利与赫敏来到戈德里克山谷时遇到了大蛇纳吉尼，纳吉尼企图拖住哈利等待伏地魔的到来，哈利安全逃脱了，但是魔杖被纳吉尼弄断了。　　　　　　　　【答案：错】

4. 哈利、赫敏和罗恩潜入古灵阁拿到了魂器_____。　【答案：赫奇帕奇金杯】

5. 哈利被伏地魔杀死后发现自己来到了_____。　【答案：国王十字路口】

---

2. 学生抢答，并用自己的语言复述相关情节。

其他学生补充。

二、感知艺术形式："魔法世界·对比看"

1. 快速浏览电影作品（见辅助材料）和作品内容（见"阅读导读单"）

电影作品辅助材料——

哈利·波特与死亡圣器（上）

讲述哈利、罗恩和赫敏展开了寻找并摧毁伏地魔永生不灭的神秘根源——魂器的危险旅程。在没有老师的指引和邓布利多的保护下，三人要比之前更互相依靠。但黑暗力量却在他们之间潜伏，伺机离间他们。同时，魔法世界变成魔法传奇敌人的炼狱。恐惧已久的大战一触即发，伏地魔的食死徒夺取了魔法部，甚至霍格沃茨的控制权，威吓和逮捕所有有可能反抗的人。即使取得了控制权，食死徒仍然要设法探查哈利的下落。哈利由被选中的人变成被追捕的人，食死徒誓要将他擒获，活生生带到伏地魔跟前。哈利唯一的希望是在伏地魔找到他之前找出魂器。当他在寻找线索时，他揭开了一个古老得差点被人遗忘的传说——传奇的死亡圣器。如果这个传说是真的，它将会为伏地魔带来他一直渴望的最强力量。哈利却不知道他的未来早已在命中注定了，成为"生存下来的男孩"。哈利不再是小男孩，他正慢慢步向他从踏进霍格沃茨的第一天就肩负起的使命——与伏地魔决一死战。

哈利·波特与死亡圣器（下）

哈利进入与伏地魔意识连通的幻境，找到了一些魂器，但也让伏地魔发觉了他的行动。哈利又一次进入幻境后推断出伏地魔的居所，三人来到了此地。他们看到伏地魔命令毒蛇除掉斯内普，以把老魔杖的魔力传给自己。弥留之际，斯内普把记忆送给哈利，原来他一直爱着哈利的母亲莉莉，因此从来都是站在邓布利多一边。

哈利披上隐身斗篷去与伏地魔战斗，发现海格被押作人质。哈利一现出身来就被可瓦达索命咒击倒，醒来时仿佛进入一个生与死的边缘，碰到已死的邓布利多。哈利发觉咒语正巧击溃了藏在自己体内的那一部分伏地魔的灵魂。伏地魔命令海格把貌似死了的哈利带回霍格沃茨，杀杀士气。哈利趁乱披上隐身斗篷，纳威敏捷地抽出格来芬多剑砍掉了巨蛇纳吉尼的脑袋，藏在毒蛇体内的伏地魔最后一个魂器就这样被毁掉。哈利在大殿里面直面伏地魔，长老杖在伏地魔手中，哈利猜测长老杖原来的主人不是斯内普而是马尔福，解除邓布利多武装的是马尔福，而斯内普只是依照邓布利多的愿望把他杀掉。然而解除掉马尔福武力的人却是哈利，所以老魔杖真正的力量在哈利这里。伏地魔用老魔杖对哈利施死咒时，哈利让死咒又反弹到伏地魔身上，伏地魔就这样被结果了。

19年后，哈利和金妮有了三个孩子，罗恩和赫敏也有了两个孩子，两家人在国王十字车站送孩子去霍格沃茨学校，在这里他们遇见了不少故人。最终，哈利摸着前额上的闪电形疤痕，19年了，这块疤痕再也没有痛过。一切都好

2. 能找出电影和原著的区别

交流，讨论，明确：内容相近（改编与创作之别），手法有异。

原著——趋向魔幻情绪下的故事推进，展示人物多重命运和作品主题探究。

影视——悬念手法推演故事以好奇吸引观众，并展示编者人生观世界观。

三、了解写作特色："**魔法世界·真假看**"

有人说，《哈》是用魔幻的虚拟世界来实现对现实世界的完美对接，这中间不得不归功于作者高超的创作手法，如意象、隐喻的运用，伏笔的串联等，请举例说说你的理解。

学生讨论，个别发言，交流补充，教师引导。

参考：

1. 意象的运用

在《哈利·波特与死亡圣器》中，可以看到一系列的意象，如回魂石、长老魔杖等。如长老魔杖，它虽然象征着无边的威力，同时也代表了一种认为力量和暴权可以使人安全的可耻想法，因此，它给所有拥有它的人都带去了死亡。

2. 隐喻的应用

《哈利·波特与死亡圣器》中火象征的"死亡之火"不只结束了恶人克拉布的生命，更重要的是它销毁了伏地魔的一个魂器。哈利离彻底战胜伏地魔又迈近了一步。由此便产生了"火"的另一重意象，"生命之火"。

3. 众多伏笔的串联

如《"王子"的故事》这一章不仅对斯内普做了一番解密，对于佩妮姨妈厌恶魔法世界的原因也作出了解释。又如死亡圣器是个"三件套"：长老魔杖、复活石和隐形衣。其中，要数隐形衣出场最早，在《哈利·波特与魔法石》的第12章《厄里斯魔镜》中隐形衣作为圣诞礼物被交给了哈利，哈利把它拿起来摸了摸，分量很轻。他把纸包拆开，某种像液体一样的银灰色的东西滑落到地板上，聚成一堆，闪闪发亮。在之后的每一部小说中，隐形衣作为关键性道具都会出现，而且越来越显示出它的与众不同。只是从没有提到过它是死亡圣器之一。

四、布置作业

1. 参阅"导读单"回顾作品内容。

2. 选择作品中的一个人物，精读相关文字，写一段评析该人物的文字（50字左右）。

魔法之内·虚拟的真实

——《哈里·波特与死亡圣器》研读课

【研读目标】

1. 解读人物，分析人物形象，感受人物精神。

2. 探究人物形象意义，形成自我人生观。

【研读重点】人物形象及其意义。

【研读过程】

一、我来分类——从作品走向人物

导入：《哈》是集魔幻与现实为一体的作品，但它却并不是仅仅虚构一个幻想的世界，这个虚拟的世界里却实时反映着现实世界的一切。这节课我们就一起去看看生活在魔法世界里的那些人，或许你能从他们身上找到属于自己的影子。

1. 思考，讨论：从作品塑造人物的角度说说作品中的魔幻主义体现在哪里。

学生讨论，教师引导。

明确：作品中的众多人物都拥有魔法，它们用自己超凡的魔力努力生活。

众多人物的超自然魔力都倚仗某一魔力神物。

作品中这些人物的死亡与重生都是轻而易举可以做到的。

2. 人以群分：将下列人物分类归档，并说说分类的原因。

| 1. 哈利·波特 | 2. 邓布利多 | 3. 伏地魔 | 4. 罗恩 | 5. 纳吉尼 |
| 6. 斯内普 | 7. 佩妮姨妈 | 8. 食死徒 | 9. 赫敏 | 10. 麻瓜 |

学生分类，说理由，教师引导从人物经历、结局角度分析。

明确：分类——1+4+9　代表正义、友情；勇气互助

　　　　　　3+5　　代表邪恶

　　　　　　2+6+7　代表庇护者、守护神、迷途知返者

　　　　　　8+10　代表被操纵者

二、我来画像——从外在走向心灵

1. 请为"哈利"和作品中的另一任何人物设计一张"人物标签"，作为该作品宣传海报的封面，结合作品内容和人物的经历来表现人物形象。

参考事例：

```
┌─────────────────────────────────────────────┐
│  ┌─────────┐   人物名字：_____      │
│  │         │                                 │
│  │         │   身　　份：_____      │
│  │  照片   │                                 │
│  │         │   主要经历：_____      │
│  │         │                                 │
│  └─────────┘   性格特征：_____      │
└─────────────────────────────────────────────┘
```

2. 学生完成设计，个别交流。

参考（主要人物）：

人物	简介	性格特征
哈利	全名为哈利·詹姆·波特，是詹姆·波特和莉莉·波特的独生子，也是伊格诺图斯·佩弗利尔的后裔，与伏地魔有着共同的祖先。哈利黑发绿眼，头上有一道伤疤。就像他的父亲一样，黑色的头发总是四处乱窜。有着波特家族的飞行天赋。宠物是霍格沃茨钥匙管理员鲁伯·海格在他十一岁生日时赠予的礼物——雪鸮海德薇。在满十七岁时，终于摆脱未成年魔法侦测咒。他发现自己和伏地魔两者无法并存于世之后，就听从邓布利多的指引，肩负对抗伏地魔的使命。他与罗恩、赫敏一起寻找销毁魂器、成了被伏地魔控制的魔法部通缉的头号不受欢迎人物。他在最后决战时返回霍格沃茨，获得多数教授和学生的支持，并打败伏地魔	重友情、勇敢善良、诚实坚强；有正义感、责任感，敢于牺牲；爱憎分明，敢于同恶势力做斗争；有时会冲动逞强，意气用事
赫敏	全名为赫敏·吉恩·格兰杰，麻瓜出身，却在到霍格沃茨不久就成为全年级最聪明的学生，因每堂课都积极举手回答问题并乐此不疲而扬名。她不仅知道每个问题的答案，还记得读过的每本书的内容，并乐于将自己的知识告诉别人。她的知识在他们许多的冒险旅程中证明有用。她在与哈利、罗恩一起寻找销毁魂器的过程中发挥了重要作用。最后和罗恩结婚，并和哈利在魔法部成为同事	天资聪颖、博闻强识、反应敏捷；重友情、有同情心、有正义感、勇于担当、性格倔强
罗恩	原名罗纳德·比利尔斯·韦斯莱。韦斯莱家族是古老的纯血统家族，他们都拥有一头火焰般的红发。罗恩的爸爸是魔法部禁止滥用麻瓜物品司的员工，薪金不高，孩子又多，所以罗恩大多数的东西都是二手的，罗恩很在意这一点。他与哈利、赫敏一起寻找销毁魂器，历经艰险，战胜心魔，并参加了霍格沃茨保卫战。他和哈利是铁哥们，最后和赫敏结婚，并和哈利在魔法部成为同事	性格随和、内心善良；重友；胆小，最怕蜘蛛

续表

人物	简介	性格特征
邓布利多	全名阿不思·珀西瓦尔·伍尔弗里克·布赖恩·邓布利多，曾任霍格沃茨魔法学校校长，是公认的当时最伟大的巫师。一级梅林勋章获得者、凤凰社创始人和保密人、国际魔法师联合会主席、威森加摩首席魔法师。他是勇士，也是智者。他敢于和伏地魔以及一切恶势力做斗争，并安排引导哈利对抗伏地魔。他和斯内普联安排了自己的死亡，为哈利消灭伏地魔创造更好的条件	德高望重、睿智果敢、心胸开阔；平易近人、平等待人；深谋远虑，是智慧与正义的化身；年轻时因迷恋权势而犯错
斯内普	西弗勒斯·斯内普，霍格沃茨魔法学校教师（第一部至第五部中担任魔药课教授，第六部中担任黑魔法防御术教授），斯莱特林学院院长，在莉莉死后就成为凤凰社正式成员，在伏地魔要杀死哈利父母前是食死徒，之后成为邓布利多的密探。在邓布利多死后出任霍格沃茨魔法学校校长。深爱着莉莉·伊万斯	苛刻、孤独；又高傲又自卑；又冷漠又深情；坚守承诺
伏地魔	原名汤姆·马沃罗·里德尔，斯莱特林的后裔，也是卡德摩斯·佩弗利的后裔。他出生在孤儿院，因被孤儿院的人厌恶、误解和疏离，导致其性格偏激。他曾在霍格沃茨魔法学校就学，是哈利·波特的死对头。由于害怕死亡，伏地魔将自己的灵魂撕裂为六个魂器，包括汤姆·里德尔的日记、马沃罗·冈特的戒指、萨拉查·斯莱特林的金挂坠盒、赫尔加·赫奇帕奇的金杯、罗伊纳·拉文克劳的王冠、大蛇纳吉尼，最后在一次意外中无意间创造了第七个魂器哈利·波特。在霍格沃茨保卫战时，伏地魔对哈利·波特发动的索命咒被反弹，最后死于自己亲手发出的阿瓦达索命咒	冷酷无情、心狠手辣；痴迷权力、善于把握人的心理弱点；为达目的不择手段

三、我来评说——从虚拟走向现实

师："经历"是把魔幻世界与现实世界对接的唯一途径，"感悟"是跨越作品走向自我的有效方法，《哈》的故事很魔幻，但也很现实，或许你能收获作品给予你的独一无二。

1. 关注情节，说感悟。

快速阅读"情节提要"，说说自己的感悟。

情节1：感化克利切

克利切是哈利从小天狼星那里继承来的家养小精灵，但是对于哈利只是表面服从，哈利吸取了小天狼星的教训，善待克利切，并将雷古勒斯的挂坠盒送给了它，换来了克利切的效忠。

情节2：混入魔法部

哈利、赫敏和罗恩混入魔法部，从乌姆里奇手上拿到挂坠盒（伏地魔的一个魂器），并解救了二十多名受审巫师。

情节3：勇闯古灵阁

哈利以格兰芬多之剑为交换条件，获得妖精拉环的帮助。哈利一行人克服重重阻碍，进入古灵阁的莱斯特兰奇金库，最终找到金杯，并借助火龙的力量闯出古灵阁。

情节4：寻找拉文克劳的王冠

哈利在霍格沃茨寻找失踪的冠冕（伏地魔的一个魂器），得到邓布利多军以及凤凰社成员的支持，也遭到马尔福等人的阻止，最终找到并毁掉了冠冕。

情节5：哈利赴死

哈利知道了真相———自己也是伏地魔的一个魂器，自己不死，伏地魔也不会死，哈利毅然赴死。

情节6：灵魂对话

哈利的灵魂和邓布利多的灵魂进行了一场真诚对话，好多谜团被解开。

情节7：最后对决

哈利和伏地魔进行最后对决，哈利用了缴械咒，而伏地魔用了死咒，却没想到咒语反弹到自己身上。伏地魔毙命

学生感悟，个别交流。

参考：

情节1：表现了哈利的宽宏大量，并不因为克利切告密使他失去教父而对克利切怀恨在心；众生平等，我们要常怀一颗谦卑的心，不可对人轻慢。

情节2：做事之前要充分调查，妥善安排，遇到突发情况要随机应变，灵活处理；面对强权和不合理制度，要勇于反抗，争取自己的合法权益，而不是忍气吞声，任人宰割。

情节3：表现了哈利为实现目标，不畏艰难，一往无前的精神；我们要善于利用外界条件，化阻力为动力，实现自己的目标。

情节4：哈利原本不知道下一个魂器是什么，受到邓布利多军成员的启发，觉得可能是失踪的冠冕，这说明要充分相信和运用群众的力量；虽然马尔福等人极力阻挠哈利寻找冠冕，但危机时刻哈利仍然救了马尔福和高尔的命，这充分体现了哈利的善良和大度。

情节5：本章表现了哈利视死如归的英雄气概。

情节6：邓布利多年轻时由于对家庭的忽略造成了一生无法弥补的遗憾。这一故事告诉我们要学会学习和生活、亲情和友情，不给自己留下遗憾；邓布利多是伟大的，不是因为他从不犯错，而是因为他肯承认自己的错误。每个人都会犯错，但对所犯错误的不同态度会决定你成为一个什么样的人。

情节7：生死关头，面对最凶恶的敌人，哈利仍然只是用缴械咒，可见其本性良善；多行不义必自毙，杀死伏地魔的不是别人，正是伏地魔自己；做人做事要留有余地，不可太极端。放过别人亦是放过自己。

2. 赏析文段，写批注。

精读语段，以批注的形式点评文段内容或自我收获。

罗恩归来	批注栏
"对不起，"罗恩虚弱地说，"我很抱歉我的离开，我……"他环视着周围的黑暗，希望哈利会说出一些严厉并刻薄的话来责骂他。 "今夜你已经补偿了你所欠下的，"哈利说道，"拿到那把剑，毁掉了魂器，救了我的命。" "听起来比我实际上要酷一些。"罗恩嘟囔道。 "这种事情听上去永远要比真实情况酷很多，我已经试图告诉你这个道理很多年了。"随后他俩紧紧地拥抱在了一起，哈利从后面紧紧抓住了罗恩仍然湿漉漉的夹克…… 当经历了森林和水池的一切后，这个帐篷简直可以算是出奇的温暖…… "赫敏！！"她醒过来，迅速坐了起来，拂开挡在脸前的头发。 "怎么了，哈利？你还好吗？""一切都好，当然，不能再好了，简直是棒极了，你看谁来了？""什么意思？谁？"就在这时，她看见罗恩握着剑站在那里，湿漉漉地淌着水，滴落在了地毯上。哈利退到了一个阴暗的角落，放下了罗恩的背包，试着将它用帆布来弄干。 赫敏从床上走下来，像梦游者一般走向罗恩，她的眼睛盯着罗恩那苍白的脸。嘴唇半张，眼睛睁大地停在了罗恩身前。罗恩半举起了手臂，脸上露出了一丝带着虚弱希望的微笑。 赫敏冲上去不停地捶着她能碰到的罗恩身体的每一寸地方。 "哎呀，痛……喔……不要！怎么了……赫敏……啊！""你是一个……彻头彻尾的……笨蛋……罗纳德…韦斯莱！"赫敏用拳头的重击来加重每一个词的分量，罗恩后退着，保护着自己的头，以防赫敏再做出什么出乎意料的举动。 ……"盔甲护身！"一堵看不见的防护盾在罗恩和赫敏之间突然升起，将赫敏弹倒在了地上。 赫敏吐出了嘴里的头发，重新站了起来	

教师引导：罗恩归队，哈利和赫敏两个人的态度虽截然不同，但内心其实都立即原谅并接纳了罗恩。他们真挚的友谊经受住了考验。本节中的动作和语言描写非常妙，哈利一句"今夜你已经补偿了你所欠下的"，让两人尽释前嫌，紧紧拥抱在一起。赫敏断断续续和语无伦次的语言，也恰当地表达了她激动的心情。

四、板书设计

魔幻世界——（读他人故事，品自己人生）——现实人生

五、作业布置

阅读有关领袖的片段，给人物建立档案。

以小组为单位，完善任务单上"主题评价"，开展有关"长征精神"活动课。

魔法之外·哈利是谁？

——《哈利·波特与死亡圣器》阅读交流课

【交流目标】

1. 以对话关键词形式，再次提炼作品内容。

2. 借助评价语，打开作品主题，感悟人生。

【交流重点】"生"与"死"、"爱"及"英雄"等主题解读。

【交流过程】

导入：欢迎来到"星播客"会客厅，打开一本书就是打开一个人生。

电影《哈》风靡全球，在作者构建的哈利·波特的魔法世界里，大量神乎其神的描写并非横空出世，而是潜伏着深厚的欧洲文化。

今天，我们的话题就是：魔法之外，我们还有什么！

一、幻想：超能力

话题1：如果能让你拥有魔法世界里的一项魔力或具有魔力的宝物，你想要什么？并想用它来做什么？说说你的理由。

学生畅所欲言，教师引导正向积极的人生观。

教师总结：无论怎样的选择，我们都是基于自我对现实生活和人生意义追求的需求选择，正如创作者一样，通过塑造的虚构世界来表达自己对现实社会、人性道德的思考。

二、思考：哈利是谁？

话题2：你怎么看待小说中的哈利？

（1）观点一：真实而复杂的人

学生自由发表看法，教师补充。

教师总结：哈利生下来就注定拥有不平凡的一生，他是"神"——拥有魔法；但他更有"人"性的一面——慵懒拖拉，为作业烦恼，因考试产生压力；面对魔法世界，他也自卑；面对伏地魔，他也恐惧；面对亲人和朋友的离世，他会陷入悲痛，甚或不能自拔；面对压力，他也一样会烦躁易怒。

（2）观点二：英雄说

教师引导：有学者说，"我们从哈利波特身上找到了自己最想成为的那种人"。

哈利身上有哪些英雄的品质？哪种品质最值得让人拥有？

学生结合作品内容分析，教师补充。

教师总结：哈利总体品质有——勇敢、坚强、机智、友好、忠诚、善良，敢于挑战，负责任，有自我牺牲精神。这种自我牺牲很令人叹服——当知道自己是伏地魔无意制造的一盒魂器时，就义无反顾地承担起命运的安排，去森林里见伏地魔，用自己的死亡换取大众的安宁。

三、主题：生死，还是爱？

讨论：该书多次涉及"主宰死亡"这一主题，你如何理解？

学生小组讨论，交流分享。

教师引导：哈利父母墓碑上写着"最后需要战胜的敌人就是死亡"，暗示哈利：伏地魔和食死徒的最大野心就是要主宰死亡。通常认为，死亡圣器是指能使人拥有主宰死亡之力的东西。这个词用意含糊，且根据上下文的不同也有所改变。伏地魔真正想要的也就是圣物集合在一起所赐予的，即长生不老永远都不会死。可以杀死他人是主宰死亡的另一种方式，就像老魔杖和阿瓦达索命咒的绿光所展示的那样。还有另外一种战胜死亡的方式，就是使所爱的死者复生，就像死亡圣器故事中的二哥所做的那样，就像邓布利多试图要做的那样，就像哈利自己渴望做的那样。事实上，唯一真正主宰死亡的办法是永远敬爱、信任那些死去的人。

四、魔法之外：哈利是谁？

教师引导：每个人的心中都有一个属于自己的"哈利·波特"，哈利是谁？

结合评论，微写作：做这样的"哈利·波特"！

---

1. 《哈利·波特》独一无二，它同时吸引了儿童、青少年和成年人。对儿童来说，哈利波特就是童话中降服恶龙的王子；对青少年来说，他是真实世界中的少年同学；对成年人而言，他又是战胜异象、改变世界的典型英雄。

——弗吉尼亚福拉姆学院教授　凯瑟琳·格里姆斯

2. 《哈利·波特》丛书不仅仅是孩子们的最爱，同样大受成年人欢迎。我鼓励孩子们去读一读《哈利·波特》系列丛书，它们真的能够激发你的想象力。

——足球明星　韦恩·鲁尼

蝇 王

——【英】威廉·戈尔丁

一、作品介绍

【内容简介】

《蝇王》设定了特殊的时代背景、场所和主人公。故事发生在未来第三次世界大战的一次核战争中。一群十二岁到十六岁的男孩子乘坐一架飞机从英国本土飞向南方疏散。但飞机不幸被击落，飞行员下落不明。这群男孩被迫降落到了一个荒无人烟的珊瑚岛上。这个岛上有充足的淡水、丰美的食物和美丽的海滩景色。孩子们被这个美丽的岛屿和没有大人的生活所吸引，对其充满了新鲜感和好奇心。最开始，这群孩子身上还带有文明社会的印记，他们自发召开会议，推选拉尔夫为领导人，制定秩序，如分成小组去采集食物、用树枝建造房屋、点燃烟火向外传递信息等。但好景不长，这些不稳定的秩序遭受到了破坏。部分孩子更向往没有约束且更刺激的生活，于是跟随了善于打猎的杰克。他们打猎、吃肉，不再遵循原来的秩序。由此，孩子们分为了以拉尔夫和杰克为首的两个帮派。

两个帮派在这个荒岛上争夺着小社会的统治支配权。在二者的争斗中，西蒙、猪崽子都不幸丧命。拉尔夫这一方受到了巨大的打击，拉尔夫也只得四处逃亡。在最后的追逐中，杰克为捉到拉尔夫放了一场大火。熊熊火光中，荒岛的美好消失殆尽。从文明社会而来的孩子成为了这个荒岛上的"兽"。直到英国皇家海军舰艇经过荒岛相救，拉尔夫才幸免于难。故事悲惨的结局向我们展现了童心的泯灭和人性的黑暗。

二、实施要求

（一）紧扣小说要素，展开具体教学

小说三要素，即情节、人物、环境。我们着重选择从典型情节、人物性格、小说主题方面入手感受人物形象，挖掘小说主题。其次，《蝇王》小说的象征手法运用突出，通过活动设计，让学生解说，在解说中感知事物的含义。

（二）立足原著，多种方式阅读

立足于《蝇王》原著开展形式多样的阅读活动。围绕人物形象开展的绘画，依据主旨开展的奇葩说辩论赛，依据象征手法开展的周边设计活动。可以布置学生在阅读完小说后观看影视作品，体会不同艺术形式在表现人物方面的不同之处，加深对原著的理解。同时可以阅读系列的荒岛作品和类似的荒岛影视作品，比较不同。

（三）评价多样带动阅读

在学生任务单完成后及时给予评鉴并展示学生的作品。在课堂上利用任务评价表师生共评给予更多方的评价，增长学生阅读的积极性。

三、导读攻略

对于七年级学生来说，《蝇王》主人公年龄相近，作品篇幅不长，情节生动，能引起较大的阅读兴趣。学生能在一周时间内完成整本书的阅读。所以根据情节发展规划七天内每天的阅读量。在阅读过程中，采取"边读边导"的方法。学生自读过程要完成"通读指导"任务，把握章节重点内容，对关键语段进行批注圈画，从情节走向人物、主旨。

【通读指导】

时间	阅读范围	通读任务
第一天	第一章：海螺之声 第二章：山上之火 第三章：海滩上的茅屋	1.【初识荒岛】摘抄荒岛环境描写的语句，对荒岛生存情况进行判断。 2.【初识人物】圈画人物刚出场时的描写语句（外貌、动作、语言），分析人物性格特征。 3.【初识秩序】拉尔夫在荒岛上建立了哪些秩序？ 4.【初现矛盾】杰克和拉尔夫在第三章中为什么发生了矛盾？
第二天	第四章：花脸和长发	1.【理解标题】结合第四章内容，你如何理解这章标题中的"花脸""长发"的含义。 2.【矛盾升级】第四章中发生了群体的第一次冲突，这一冲突发生的原因是什么？结合文本分析这一冲突给拉尔夫和杰克的关系带来了怎样的变化？请你猜测后续情节会如何发展？
第三天	第五章：兽从水中来 第六章：兽从空中来	1.【何为野兽】对比五、六两章标题，请在章节中找到水中的兽和空中的兽分别是何物？"水"和"空"有何寓意？

续表

时间	阅读范围	通读任务
第四天——第五天	第七章：暮色和高树 第八章：献给黑暗的供品 第九章：窥见死尸	1.【杀野猪哟】文中"杀野猪哟！割喉咙哟!"语句反复出现。在小说中他们出现过三次围圈模仿猎杀野猪的行为，请在这三章中找到并完成下列表格。并试着分析三次中的不同，写下你的发现（对拉尔夫或对拉尔夫所代表的理性文明的力量）。 | 次数	模仿人	拉尔夫态度	发现 | |---|---|---|---| | 第一次（第四章）| 莫里斯 | 又是妒忌又是气恼 | | | 第二次（第七章）| | | | | 第三次（第八章）| | | | 2.【蝇王现身】请你关注西蒙与蝇王的对话，分析蝇王在小说中的含义。（"蝇王"的称呼出自《圣经·新约》中的 Beelzebub 一词，原意为万恶之源。） 3.【西蒙之死】蝇王对西蒙死亡的预言有怎样的含义？你认为西蒙在知道这个预言后有可能逃离死亡命运吗？为什么？
第六天——第七天	第十章：海螺和眼镜 第十一章：城堡岩 第十二章：猎手的狂叫	1.【珊瑚岛】请你查找资料，将《珊瑚岛》和《蝇王》中荒岛进行比较，结合情节探究作者意图。 | 次数	《珊瑚岛》	《蝇王》 || |---|---|---|---| | ^ | ^ | 初期（第二章） "一个美好的岛" | 后期（第十二章） "像珊瑚岛那样" | | 相同点 | | | | | 不同点 | | | | | 作者意图 | | | | 2.【海报设计】为这本书设计宣传海报，你会将哪个人物或事物放在海报 C 位？从中选取组合，并说说你的理由。 [人物]：拉尔夫、西蒙、猪崽子、杰克 [事物]：海螺、眼睛、船、火、长矛、花脸

生存还是毁灭？

——走进荒岛世界

【学习目标】

1. 通过浏览目录概括内容，能大致梳理情节脉络，发现目录章节题目特点。
2. 通过舞台布置，感知荒岛生存背景，书写人物出演指南，初识人物形象。

【学习重点】梳理情节与环境，初识人物形象。

【学习过程】

一、说色彩

读完《蝇王》后，请用一个色彩词说一说你的感受。

过渡语：阅读完《蝇王》后，同学们一定都有很多自己的感受，让我们开展班级学写《蝇王》课本剧活动，将你们的阅读感受通过课本剧剧本的形式呈现出来，从而走进这个荒岛世界。

二、认识课本剧

【什么是剧本？】

> 剧本不像小说、散文那样可以不受时间和空间的限制，它要求时间、人物、情节、场景高度集中在舞台范围内。小小的舞台上，几个人的表演就可以代表千军万马，走几圈就可以表现出跨过了万水千山，变换一个场景和人物，就可以说明到了一个全新的地方或相隔多少年之后……相隔千万里，跨越若干年，都可通过幕、场变换集中在舞台上展现。
>
> 剧本中通常用"幕"和"场"来表示段落和情节。"幕"指情节发展的一个大段落。"一幕"可分为几场，"一场"指一幕中发生空间变换或时间隔开的情节。剧本一般要求篇幅不能太长，人物不能太多，场景也不能过多地转换。——百度百科[1]

三、理情节

（一）整合目录，梳理情节

1. 浏览目录，依据插图，整理章节，概括内容，梳理重点情节。

2. 绘制岛上秩序变化折线图，感受岛上秩序变化。

3. 比较目录题目和内容概括的不同与特点。

明确：

插图					
章节	第一到三章	第四章	第五、六章	第七到九章	第十到十二章
章节名	海螺之声 山上之火 海滩上的茅屋	花脸和长发	兽从水中来 兽从空中来	暮色和高树 献给黑暗的供品 窥见死尸	海螺和眼镜 城堡岩 猎手的狂叫

---

[1]《新少年》杂志社. 课本剧：春风文艺出版社，2010

续表

内容	流落荒岛 建立秩序	空	远离秩序 对峙野兽	空	杰克称霸 拉尔夫被逐
秩序变化折线	有序、和平 无序、混乱				

1. 答案依次为：错失救援，矛盾渐深；蝇王出现，西蒙枉死。

2. 岛上秩序随着情节发展逐渐崩坏。

3. 引导学生发现目录章回名中出现的多是有意味的事物。这是象征手法的运用，是小说最为主要的手法。

◎阅读策略：浏览目录，从目录梳理大致情节和发展顺序；关注小说象征手法的运用，在阅读中学会思考。

（二）选定情节，构思剧本

请小组学生结合情节梳理表，翻阅整本书中重要的情节，小组讨论，从故事的完整性、情节的矛盾冲突性、主题的明确性来选定情节，搭建课本剧三幕剧本的构思表并解说理由。

蝇王三幕剧本构思表			
幕	章节	内容概括	选定理由 （角度：故事完整性、情节的冲突性、主题的明确性）
第一幕			
第二幕			
第三幕			

◎阅读策略：结合课本剧知识，分解剧本完成任务，在构思剧本中对小说主要内容有所感知，学会在小说阅读中关注重点情节和矛盾情节。

四、布舞台

（一）赏析环境

请圈画摘录三幕章节中有关环境描写的语句，并对其批注赏析。

赏析角度：①描写内容：颜色、景物

②修辞手法：比喻、拟人、对比……

③描写作用：人物情感、情节发展……

摘录①：

赏析①：

摘录②：

赏析②：

（二）设计舞台

小组合作，选定一幕，在各个成员原来摘录和赏析的语句中选取合适的内容，完成该幕的舞台设计表。

小组分工：记录员（将讨论内容整合记录在表格内）、讲解员（向同学们讲解设计内容和思路）、板书人员（板书关键词于黑板上）

第____幕舞台设计表		
舞台背景色调		
舞台左侧		
舞台中间		
舞台右侧		
其他补充		

◎阅读策略：关注环境描写语句，学会圈画批注，整理归纳，整合信息。

五、识人物

在课本剧中对人物关系的研讨有助于呈现出更好的效果，展现人物形象。

（一）梳理人物关系

1. 通过关键段落分析孩子归类的原因

> 较小的男孩现在被称为"小家伙们"。个子的大小从拉尔夫开始排下去，虽然西蒙、罗伯特和莫里斯三个人之间比较难以区别，但是在这些孩子们当中，大家伙们大，小家伙们小，却是任何人都不难辨认的。无疑应该算作小家伙们的，大约六岁上下，他们过着一种很特别的，同时又是很紧张的生活

明确：以年纪和身材大小来划分为大孩子和小孩子。

> "带喇叭的大人在哪儿?"
>
> 拉尔夫觉察到他的眼睛被太阳照得看不清东西,回答道:
>
> "这儿没带喇叭的大人。只有我。"

明确:以两个主要人物拉尔夫和杰克的追随者来划分。

2. 成人物出演指南

请在你们小组选定剧目中明确你将出演的人物,结合文本完成指南。

```
            第___幕_____人物出演指南           出演者:
人物姓名:_____    年龄:
出场章节:
外貌形态:
性格特征:
本幕经历:
神态和动作设计:
标志台词语气设计:
```

六、今日作业

1. 个人作业:请选择你最感兴趣的人物,抓住人物的外貌、语言、典型事件为这个人物写介绍语(200字),并为其绘制人物形象图。

助读单1:人物形象介绍

人物形象图:	人物介绍语: (年龄、身份、性格、主要经历、小说结局)

2. 小组合作作业:观看并查阅相应的课本剧的视频和剧本,按照以下格式完成小组在课堂上选定的一幕或一章节的课本剧写作。

助读单2:课本剧剧本创写

1. 参考资料：七上语文作业本《皇帝的新装》、七下语文作业本《卖油翁》
2. 符号格式：人物行为动作描述、心情神态可用圆括号标注在角色台词前
3. 剧本创写

题目：《蝇王》课本剧

人物：

时间：

地点：

道具：

舞台说明：

幕名：

正文：

理性还是野蛮？

——走近荒岛人物

【学习目标】

1. 通过梳理蝇王中人物典型事件和相关资料，学习品鉴人物的方法。
2. 深刻感受人物特点，分析秩序崩塌的原因。

【学习重点】梳理分析人物特点，发现人物背后的深层含义。

【学习过程】

一、慧眼识人

请辨别这三种照片的人物是谁？你是如何辨别出来的？与你心目中的形象相符吗？

明确：人物依次是拉尔夫、杰克、猪崽子。判断拉尔夫可根据人物特征性的语言，判断杰克可根据脸上的面具特征和所做的典型事件，判断猪崽子可以根据身材特征和标志性物件。

◎阅读策略：阅读人物可以关注人物外貌、语言、典型事件的描写。

二、巧语绘人

1. 根据助读单选择感兴趣的人物分组。组员讨论完善人物档案，绘制组内最新人物形象图（课前准备）。

2. 小组内部尝试展示人物形象图，并解说，做好分工（一人主讲，一人板书，一人记录，一人补充）。

3. 师生归纳总结：品鉴人物的方法（典型情节、人物描写、典型物件、结局情况）。

三、善思辨人

1. 拉尔夫 & 杰克

在荒岛最初时，孩子们都纷纷票选了拉尔夫作为领导者，但是后期为什么又转向了杰克呢？请读第四章，你是否能发现端倪。

> 孩子们开始习惯的第一种生活节奏从黎明慢慢地过渡到来去匆匆的黄昏。他们领略了早晨的各种乐趣、灿烂的阳光、滚滚的大海和清新的空气，既玩得痛快，生活又如此充实，当"希望"变得不是必要的时候，它也就被忘却了

明确：群体——孩子们适应了无序的生活，逐渐忘却了回去的理性。

> 罗杰弯腰捡起一块石子，瞄了瞄，朝亨利扔去——可没扔中。石子——荒唐岁月的象征——掉进水里。罗杰收集了一把石子，又开始扔起来。可亨利四周有一个直径约六码的范围，罗杰不敢往里扔石子。在这儿，旧生活的禁忌虽然无形无影，却仍强有力。席地而坐的孩子的四周，有着父母、学校、警察和法律的保护。罗杰的手臂受到文明的约束，虽然他对这文明一无所知并且已经毁灭了

> 一块圆圆的太阳光斑正落在他脸上，水中也出现了一团亮光，杰克惊愕地看到，里面不再是他本人，而是一个可怕的陌生人。他把水一泼，跳将起来，兴奋地狂笑着。在池塘边上，他那强壮的身体顶着一个假面具，既使大家注目，又使大家畏惧。他开始跳起舞来，他那笑声变成了一种嗜血的狼嚎。他朝比尔蹦跳过去。假面具具有了一个独立的形象，杰克在面具之后躲着，摆脱了羞耻感和自我意识

明确：杰克——以杰克为首的这些捕猎的大孩子在摆脱文明、理性的禁锢。

> 山上的火灭了。他们一眼就看到了他们还在下面海滩上猜到的事情，在火堆产生的烟吸引他们往上跑的时候就已经猜到。烟没有了，火也完全熄灭了；看管的人跑开了。还摊着一堆柴火在地上，等着去使用

明确：被救的希望破灭，再次被发现的希望渺茫。

> 他们想把木桩上的整个猪身架在火上，可还没等猪烤熟，木桩就烧断了。最后他们只好伸进火里去烤串在树枝上的小肉片；烤肉的时候孩子也几乎像肉一样地被烤着。馋涎欲滴的拉尔夫本想拒绝吃这猪肉，但因为过去一直吃水果和坚果，偶尔捉条把鱼，弄到只蟹，这一诱惑使他难以抵挡。他接过一块半生不熟的猪肉，像一只狼似地咬起来。猪崽子也在淌口水，说："就没我一份？"杰克原本不打算解释给猪崽子的，想借此成为维护自己权力的一种手段；可是猪崽子这样公然提出他被忽略，使杰克觉得应该对他更加无情一点

明确：杰克拥有捕猎的能力与分配食物的权力。

2. 拉尔夫其人

"是像你们那样做一帮涂脸的黑鬼好呢？还是像拉尔夫那样做一个明白事理的人好呢？"在猪崽子死前的发言中拉尔夫是一个明白事理的人，他象征着文明与理性，那么去除外界因素，为何这份文明与理性没有办法维持秩序呢？

在小说中他们出现过三次围圈模仿猎杀野猪的行为，请在这三章中找到并完成下列表格。并试着探索三次有何不同，写下你的发现（对拉尔夫或对拉尔夫所代表的理性文明的力量）。

次数	模仿人	拉尔夫态度	发现
第一次 P81（第四章）	莫里斯	又是妒忌又是气恼	
第二次 P128（第七章）	罗伯特	欣喜若狂，忘乎所以，一把抢过，猛戳	
第三次 P175（第八章）	罗杰	感到迫切地要加入	

明确：《蝇王》在暴露杰克一组力量残暴凶残的同时，也并没有忽略掉作为理性文明代表的另一组力量显露出的不坚定、软弱甚至是阴暗。虽然手持海螺成了拉尔夫被推选为孩子头最主要的原因，但他拥有的权力却是非常微弱的，甚至微弱到难以维持一个求生的火堆。这一方面与杰克野蛮力量的不断扩大有关系，但拉尔夫内心的阴影和黑暗同样也是一个不容忽视的重要原因。尤其当这种不可思议的征兆出现在他自己身上的时候：在一个风雨、雷电交加的夜晚，他不由自主地参与了对西蒙的迫害，而且最终也未能把握住局势，眼睁睁地看着猪崽子被杀，自己也被追得无处可逃，差一点死于非命。就这样，文明被野蛮轻易征服，理性被非理性压倒，建立在社会理性基础上的民主在专制和暴力面前显得那么的疲弱无力。[1]

---

[1] 李源. 论《蝇王》象征体系中的构建 [D]. 吉林：吉林大学，2006

◎阅读策略：关注多次反复出现的情节，关注人物的不同表现，前后联系，深度思考。

四、今日作业

1. 读完《蝇王》后，你对小说想探讨的主题有没有其他的疑问，如果有，请你将其写下来，并查阅资料，将其记录在你的主题探讨单中，生成专属于你的辩题。如"荒岛是人间乐园还是人间地狱？"查找相关资料，生成你的观点，最终得出结论，解决问题。（可借助表格、思维导图、流程图等多种形式）

2. 助读单（示例）

主题探讨单			
我的疑问			
我的辩题			
我的资料	资料类别（背景、他家评论、文献等）	文字摘录	我的观点
我的结论			

乐园还是地狱？

——走进荒岛深处

【学习目标】

1. 通过前期疑问调查，让学生自主思考探究主题，并通过辩论会的形式开展，让主旨探究更多元化。

2. 通过周边设计这一活动让学生感受小说中象征手法的应用。

【学习重点】探究主旨，感受象征。

【学习过程】

一、头脑风暴

查阅 https://www.bilibili.com/video/BV1t7411q77K?from=search&seid=6187447899948793312&spm_id_from=333.337.0.0

播放奇葩说视频剪辑，让学生感受辩论的头脑风暴。（3分钟）

呈现学生课前提出的问题，将其展示，并共同归类。

课前根据学生的问题归类分组，并提前布置好辩题和人员安排，撰写好辩论稿。

二、蝇王奇葩说

1. 小组根据辩题重新分组。新组员讨论完善稿件，丰富材料，提炼观点（课前准备）。

2. 小组内部尝试辩论，并做好分工（一人开篇立论，二人攻辩，一人陈词）。

3. 师生评选：评出最佳奇葩、最佳风采、最具气场、最有逻辑奖。

评委团制定评分标准并公示：

辩论队	开篇陈词（20分）	质询（20分）	盘问总结（20分）	自由辩论（20分）	总分（100分）
正方					
反方					

评价角度	要求	完成度（在括号内打"√"各20分，共100分）
熟练度	脱稿完成，流利地叙述	很好【　】　一般【　】　不佳【　】
逻辑感	叙述完整，思路清晰	很好【　】　一般【　】　不佳【　】
表达效果	逻辑清晰，引经据典	很好【　】　一般【　】　不佳【　】
仪态管理	站姿笔直，举手投足自然大方	很好【　】　一般【　】　不佳【　】
表情自信	表情自然，声音洪亮	很好【　】　一般【　】　不佳【　】
我来点评		

三、蝇王周边设计展

1. 展示《小王子》的周边产品设计，提炼设计要点，制定设计评价表。

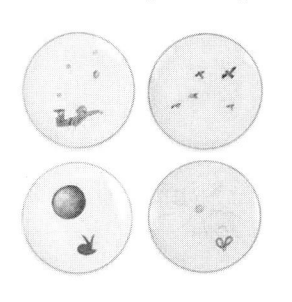

明确：图案与名著有关，突出人物特点或突出主题；色彩丰富，具有美感；实用价值高。

	评价要素	评价要点	分值	得分
周边设计	图案	与名著有关，突出人物特点或突出主题	40	
	色彩	色彩丰富，具有美感	20	
	实用性	实用性强，使用便利	20	
	寓意	寄寓着对生活的思考和祝愿	20	

2. 在《蝇王》中寻要素，进行设计。

在《蝇王》中有许多有意味的事物，请学生找出，结合设计的评价表个性化创作完成"蝇王"周边设计。

支架：可选用的元素——海螺、眼镜、花脸面具、火、船等；可设计成的物品——钥匙扣、帆布包、明信片、铅笔盒等。

《蝇王》周边设计			
设计名称		设计图（可附色）	
设计说明（图案元素、色彩、实用性、寓意）			

预设：课上未来得及完成设计图的，可先展示设计说明。引导学生抓住象征的手法。

备注：基于学情，若周边设计说明完成难度较大，可给小王子周边产品设计说明示例。

示例：该设计名称为小王子骨瓷餐盘。产品一套四盘，每个盘中图案都是从小王子故事中获取的灵感。盘一中圆盘的上方零散地画着亮黄色的星星，圆盘的左下方是在星空下的小王子，他身着绿色的服饰，双腿翘起，卧躺着。盘三中的图案由蓝色的地球和火红的蜷缩着的狐狸组成，它们一上一下相对应着。四个圆盘皆由骨瓷制作完成，金水手工描边，可以运用在家庭聚餐中。而圆形的盘子也寓意着团圆美好之意。借用小王子和狐狸的元素，也向大家传达着《小王子》中美好祝愿——每个人都能像小王子一样在经历过玫瑰与狐狸后从懵懂走向成熟，懂得如何去爱，如何负责。